中公文庫

親鸞の言葉

吉本隆明

中央公論新社

目次

親鸞の言葉

親鸞における言葉

吉本隆明

1　繰返された信の言葉

親鸞の存在の意味はおもに言葉であった。その住み家、眺めていた庭、着ていた衣裳、旅していった路、そして妻帯していたことがわかっていたのに妻やその子供、どれひとつとっても、鮮やかに再現できるほどの刻印を、それぞれの時期と場所にのこしてはいない。僧でありながら僧としての因習的な生活圏におらず（つまり寺院の系列をもたず）、宗教らしい宗教が貴族や武家層までの占有物であった時代に、「うみかはに、あみをひき、つりをして、世をわたるものも、野やまに、ししをかり、鳥をとりていのちをつぐともがらも、あきなひをもし、田畠をつくりてすぐる人も」（『歎異抄』一三）、迷信や呪法のような土俗信仰をはなれ、世界思想としての〈信〉にはいれることを示すため、文化圏の外に布教していた。根本的にいえばこれが、生涯の軌跡をこまかく再現するのをさまたげたとおもえる。そこでわたしたちは親鸞を、おもに親鸞の遺した言葉のなかに感受している。

当然親鸞の言葉は、世界思想として浄土教義を集大成した言葉から、文化に隔てられた農漁民や狩猟民のあいだで、語られた実際の言葉にいたるまで、深く重層されている。複雑で多岐にわたるわけではなく、単純な教義をどう重層的に述べるかに、親鸞の言葉の特徴がみられるといってよい。

親鸞が書簡を通じて繰返し同行のものにうったえている浄土教義の中心は、いつもおなじような言葉で、数行のうちにつくされている。この数行を遠くの行者たちに告げている親鸞の表情は独特で、ほかのどんな瞬間にも似てないようにみえる。いつもは背後に背負ったはずの浄土三部経や、世親《せしん》、曇鸞《どんらん》、善導《ぜんどう》いらいの浄土論の註解の言葉は忘れてしまった表情をしている。浄土の行者たちにことこまかに判らせようとする配慮の表情も、この数行では浮べていない。わたしたちからみれば、ほう、この人にもこんな面があるのかとおもえるような、確信に憑かれた表情をしている。こういうときの親鸞には、とうていわたしたち不信のものは近づけそうもない。結論だけをのべる信仰者特有の、ひとを寄せつけない響きがただおしよせてくるようだ。またこのときの溢れだし、うち寄せるような響きが、おおくの浄土の行者や信者たちを惹きつけ、念仏の信に転身させたにちがいない。

親鸞にも宗教者だけがもつ独特の言葉の圏域があって、そのなかでは世界との決済はすんでいるのだ。じぶん自身の異論はじぶんで吸収してしまっている。そして他者の異論は寄せつけもしない。死者たちの世界または、ユートピアの世界が、擬人法によって蘇生するかとおもうと、現世的に大切だとおもえることが、塵か芥のように軽い気持で捨てられる。こういう言葉の圏域では、人びとの現実生活や想像力のほうが、言葉の指示にしたがって企画を変えるよう要請されているのだ。

お訊ねになっておられる摂取不捨《せっしゅふしゃ》ということは『般舟三昧行道往生讃《はんじゅざんまいぎょうどうおうじょうさん》』という経論にいわれているのを見ておりますからいいますと、釈迦如来と弥陀仏は、わたしたちの慈悲の父と母で、さまざまな方便をつかって、わたしたちの無上の信心をひらき起させようとされているとありますから、真実の信心がさだまるということは、釈迦・弥陀のお計《はか》らいと記されています。往生の心が疑いなく決まるのは、この二仏に摂取せられるからだと述べられています。摂取されることについては、ともかくも行者の側の計らいがあるべきでありません。

（『末燈鈔』一三）

お訊ねになっていることは、弥陀の他力の廻向《えこう》の誓願に出遇うことができて、真実の信心をいただいて喜ぶこころがさだまったとき、弥陀仏は摂取してお捨てにならないがゆえに、金剛心が得られるときをもって、正定聚《しょうじょうじゅ》の位に住むといいます。弥勒菩薩とおなじ位になるとも書かれているのです。

（『末燈鈔』一八）

また他力ということは、弥陀仏の御誓いのなかに、選択《せんちゃく》摂取されることをおっしゃった第十八願の念仏往生の本願を信楽《しんぎょう》することを他力と申すのです。如来の御誓いになられたものですから、他力には義がないということを義とするのだと法然聖人がおっしゃったことです。義ということは、計らう言葉です。行者が計らうのは自力であるので義というのです。他力は本願を信楽して、往生はかならずきまっていることゆえに、ことさら義はないというのです。

（『末燈鈔』二）

往生というのは何事も凡夫《ぼんぶ》の計らいではなく、弥陀仏の御誓いにまかせたからこそ、他力なのでしょう。さまざまに計らいあっておられることは、おかしいことにおもいます。

弥陀仏の誓願を信ずる心がさだまるときというのは、摂取不捨の利益にあずかるのですから、往生のきまった不退の位にさだまるのだと心得てください。真実の信心がさだまるというのも、金剛の信心がさだまるというのも、如来が摂取不捨だからこそいうのです。

（『末燈鈔』七）

ただ弥陀仏の誓願を思議を超えたものと信じ、また名号を思議を超えたものと一念に信じ称えられたうえは、何でじぶんの計らいをいたしましょうや。ききわけ、しりわけるなどと、わずらわしく申されたりするのでしょう。それはみな間違ったことです。ただ不思議と信じたうえは、とやかくお計らいあるべきではありません。往生の行いにはじぶんの計らいがあるべきではありません。

（『末燈鈔』九）

そこで御法門のお疑いにたいして、一念発起して信心をおこしたとき、弥陀仏の無礙のこころの光明に摂護されることができるゆえに、いつでも浄土へ往く拠りどころが決定するのだとおおせられましたことは、たいへんご立派なことだとおもいます。ただそう立派におっしゃったことどもは、みなじぶんのお計らいになっていると存じます。ただ思議を超えたものと信じられたうえは、わずらわしい計らいはしてはならないとおもいます。

（『末燈鈔』一〇）

そのわけは、弥陀仏の本願というのは、名号を称える者をば極楽へ迎えようと御誓いになったのを、深く信じて称えるのがいいことであります。信心があっても、名号を称えなければ仕方がありません。またひたすら名号を称えても、信心が浅くしては往生しがたいものです。それだから、念仏往生と深く信じて、しかも名号を称えるならば、うたがいない真の浄土に往生できるものであります。

（『末燈鈔』一二）

心理のひだをかきわけるような親鸞の註釈のたぐいを排除してしまうと、いつも繰返された教義の要めは、おなじひとつのことだ。〈弥陀の誓願を深く信ずること〉・〈弥陀の名号を称えること〉・〈誓願の浄土へ摂取する力の必要は、思議を超えたものだから、おのずから催される作用というようにそれに出遇うこと。つまり決してじぶんから計らわないこと〉。これだけが執拗に繰返されている。これだけを繰返し書簡でうったえている親鸞は、ほかのすべてのばあいとちがっている。これは絶大な〈信〉で人びとを強力に念仏へと誘惑してはばからない人だ、とわたしたちをたじろがせる。こういう瞬間の親鸞に出遇うのは、信仰の行者にはまたとない邂逅だろうが、わたしたち不信のものには、なにを問いかけても肩から腕の方へはぐらかされてしまう気がする瞬間である。

〈深く信ずること〉・〈念仏すること〉・〈まかせるという心の状態〉。実現すべきはただこれだけだといわれている。〈深く信ずること〉も難かしいことだし〈まかせるという心の状態〉において〈深く信ずる〉ということは、さらに難かしいことだ。懐疑がわきあがる地平は、すくなくとも浄土の〈信〉の地平ではない。〈信〉にどう近づくかとか、近づく気持はあってもなかなか近づけないとか、じぶんでは〈信〉の内にあるとおもいながら、本音をいえば空しい思いしかないのはなぜかとかいった疑念は、〈信〉以前のさまざまな場所に、言葉自体が滞留した状態だ。

親鸞には〈信〉の言葉の領域がある。要約すれば数行になってしまうこの〈信〉の言葉のなかでは、いわば治外法権が成立している。同信がなければその言葉の内側にはいれない。親鸞自身でさえも〈信〉の状態になければ、この言葉の内部にははいれない。

この〈信〉の言葉の領域は現実の領域でもなければ想像力が産出させた領域でもない。そのいずれも通用しないのだ。ただ言葉は〈信〉という状態に特有な意味を帯びている。イメージとしても空虚だし、現実的な意味も空白だとしかいえない。ただ〈信〉という状態に置かれた者にだけ流出する。

弥陀仏の名号を一念でも称えたものは、みな浄土へ往生できると誓った弥陀の本願（第十八願）を深く信じて、念仏を称える。すると弥陀のおのずからな計らいで、かならず浄土へ摂取される。これは言葉としては単純きわまりない。実行可能であるか不可能であるか、そのいずれかひとつしかない状態の言葉だ。実行可能だとおもったうえはたやすく実行できる。だが実行したあとでたえず〈深く信ずること〉が動揺にさらされるだろう。また実行不可能だとおもうものには、名号を称えただけで浄土へきっとゆけるというのが、はじめから信じられない。これ以外の状態はかんがえられそうもない。

同信にあたる浄土の行者たちが躓き、諍論しあい、疑問にさらされたのもこれとかわらなかった。ただこのばあいは〈深く信ずること〉・〈称名念仏すること〉において、はじめに懐疑があるのではなく、その〈信〉と〈行〉の内側でうまれる動揺であった。親鸞はすこし表現をかえることがあっても、おなじ教義の核心にあたる言葉を繰返した。

同信の行者たちが躓いたのはどこだったのだろうか。まず第一に〈まかせよという心の状態〉・〈みずからは計らわないという心の状態〉でなければ弥陀の誓願（わけても第十八願）に出遇い、摂取され、浄土に往生することはありえないというのが、どうしても理解されにくかった。親鸞が繰返している言葉からそれがよくわかる。もうひとつは、そういう〈まかせる〉〈みずからは計らわない〉ような状態で、弥陀の誓願に出遇い、じぶんが摂取された状態が実現されたと覚えたとして、その状態は仏とか如来とか浄土とか涅槃とかとおなじ状態なのか、ただそういう状態を保証された場所なのかが、厳密には不明であった。

こういう場所へくると、わたしはその外側にはじきだされて、切実なものとならない。またじぶんに切実でないものを他者に説くことも、解釈することも空しい業《わざ》のようにおもえる。ただ親鸞の教義にとっては〈まかせる〉という状態〈みずから計らわない〉という状態での「邂逅」は核心だった。この場所は親鸞の教義が、教義を超えてゆくところであった。あるいは教義という河が決壊して、あふれ出してゆくといってもよい。

親鸞においては、ただ念仏して、弥陀仏にたすけられるようにしようと、よき先達のおおせをうけて、信じるよりほかに、べつのいわれはありません。念仏は、ほんとうに浄土に生まれる種子でもあるのでしょうか。また、地獄に堕ちるべき仕業なのでしょうか。いっこうによくわからないことです。

（『歎異抄』二）

……まず弥陀仏の大きな慈悲と大きな誓願の不思議さにたすけられるようにして、生死の迷いを超えられるのだと信じて、念仏を申すようになれるのも、如来のお計らいなのだとおもえば、すこしもみずからの計らいは混っていないがゆえに、本願に相応して真実の浄土に往生するのです。

（『歎異抄』一一）

すべて万事につけて、浄土へ往生するには、賢い思量をみせずに、ただ放心恋慕のさまで弥陀の御恩の深く重いことを、いつもは思いだされるようにすべきです。そうすれば念仏もひとりでに申されるようになります。これが自然ということです。じぶんが計らわないのを自然というのです。このことがすなわち他力であるのです。それなのに自然ということが別にあるかのように、じぶんが物知り顔にいうひとがいるかに聞き及びますが、あさましいことだとおもいます。（『歎異抄』一六）

「弥陀にたすけられまゐらす」（『歎異抄』二）、「弥陀にはからはれまゐらせて」（『歎異抄』十六）、「弥陀の大悲大願の不思議にたすけられまゐらせて」（『歎異抄』一一）、これらの受け身の敬語的な語法は親鸞の教義の中枢装置にかかわるものであった。およびもつかないほどの上位から撒布される意味をただ受容するという概念が、これらの敬語的な受け身の語法を生んでいる。これを概念の型としてみるかぎり、わたしたちはこれに対応する秩序の型をひとつしかもっていない。そしてこの秩序は逆の視角からみると、存在することと存在しないことがおなじ意味しかもたない構成でもあるのだ。もしかすると親鸞が意識せずにとった信と不信の同一化の理念である。

往生はともかくも凡夫の計らいですべきことでもありませんし、讃えられるほどの智者も計らうべきことでありませんし、大小の聖人でさえも、ともかくも計らわないで、ただ弥陀仏の願力にまかせてこそあるべきことです。（『末燈鈔』一九）

ここで受け身の語法の教義的な内容は、やや具体的な意味をもっている。凡夫も智者も聖人も計らうべきことをもった者に属さない。ただ弥陀仏の誓願の力だけが、そのしたにやってきたものに雨の滴のようにふりかかることができる。もしそうだとすれば、弥陀仏はどういう正体か、最終的に問われなければならないはずである。そして親鸞は浄土教義の理念の言葉によってではなくて、教義にたがう場所の言葉で、弥陀仏について答えなくてはならない。

2　言葉につきあてる言葉

親鸞の言葉にたいする構え、言葉をつむぎだす方法にはふた色あるようにみえる。ひとつは、ともかくも心に瞬時に浮んだ言葉を紙のうえに打ちつけてみることである。そして紙のうえにひとたび打ちつけられたその言葉をもとにして、つぎの類縁を意識された言葉が打ちつけられる。この類縁を誘われた言葉は、もとの言葉にたいして概念の修正であることもあれば、もとの言葉にたいして一歩の踏み込みや跳躍であるばあいもある。こうして言葉は連鎖的に巡回するといってよい。AはBである。BはCである。CはBである……という形式の連環がある。この連環はDはD′である。D′はEである……という形で、べつの言葉の連鎖とつなげられる。

宗師善導が「専念《せんねん》」とおっしゃったのは、すなわちこれはゆいいつの行ということである。「専心《せんしん》」といわれたのは、すなわち一心《いっしん》のことである。

これは本願が成就するための一念であり、すなわちこれは専心である。専心というのはすなわち深心である。深心はすなわち深信である。深信はすなわち堅固な深信のことである。堅固な深信はすなわち決定心のことである。決定心というのは無上上心のことである。無上上心はすなわち真心である。真心はすなわち相続心のことである。相続心はすなわち淳心である。淳心はすなわち憶念である。憶念はすなわち真実の一心である。真実の一心はすなわち大慶喜心である。大慶喜心はすなわち真実信心である。真実信心はすなわち金剛心である。金剛心はすなわち願作仏心《がんさぶっしん》である。願作仏心はすなわち度衆生心ということである。度衆生心はすなわち衆生を摂取して安楽浄土に生まれさせてあげようとされる仏の心である。この心はすなわち大菩提心である。この心はすなわち大慈悲心である。この心はすなわち仏の無《む》量光明慧《りょうこうみょうえ》によって生ずるからである。本願の海は平等であるがゆえに発心はひとしい。発心がひとしいゆえに道はひとしい。道がひとしいゆえに大慈悲はひとしい。大慈悲は仏道の正因だからである、と。

（『教行信証』信文類）

『涅槃経《ねはんぎょう》』にいうには、また解脱は名づけて虚無という。虚無はすなわち解脱である。解脱はすなわち如来のことである。如来はすなわち虚無である。作《な》さざる所作である。乃至は真の解脱は不生不滅である。それだから解脱はすなわち如来である。如来もまたしかりである。不生不滅、不老不死、不破不壊であって現世の生死の迷いの世界の法ではない。この意味があるので、名づけて如来は大涅槃に入るという。乃至はまた解脱は無上上と名づける。乃至は、無上上はすなわち真の解脱である。真の解脱はすなわち如来である。乃至は、もし阿耨多羅三藐三菩提《あのくたらさんみゃくさんぼだい》の解脱を成遂することができたあとは無愛無疑である。無愛無疑はすなわち真の解脱である。真の解脱はすなわち如来である。乃至は、如来はすなわち涅槃のことである。涅槃はすなわち無尽のことである。無尽はすなわち仏性である。仏性はすなわち決定である。決定はすなわち阿耨多羅三藐三菩提の解脱である。

(『教行信証』真仏土文類)

前者は親鸞の、後者は『涅槃経』の文章だが、いずれも漢訳経典の語法で、親鸞固有の語法は存在しない。だが、親鸞の内面には経典の語法が喰い込んでいることがわかる。この漢訳の語法が親鸞に泌みこむような本質的な影響をあたえているために、親鸞は空也や一遍の系統のように情緒と哀傷を、浄土の理念やじぶんの思想に混入しなかったといえる。宗教的な文章や経典の文体は事態をもっとも最短距離で走りぬけようとすればよい。言葉が迂廻し舞踏することはいらない。この直指する文体をもっとも極限にまでおしつめたときには、AはBである。BはすなわちCである。こういう短い文節の連鎖にたどりつく。もちろんこの語法にも跳躍もあれば横転もあることは引例からもはっきりとわかる。「真心はすなわち相続心のことである。相続心はすなわち淳心である。淳心はすなわち憶念である。憶念はすなわち真実の一心である。真実の一心はすなわち大慶喜心である」。こういう個所では、短い文節の段落ごとに概念は、つぎつぎに跳躍してゆく。そしてこの跳躍についてゆくためには、経文の内在的な把握のある度合が必然である。逆の云い方をすればこういう短い断案の文節を跳躍させることで瞬間的に理解、把握の作用を植え込まれることになっている。

これとは逆に「また解脱は名づけて虚無という。虚無はすなわち解脱である。解脱はすなわち如来のことである。如来はすなわち虚無である」。こういう語法の個所は、同一概念をあらわす言葉が、局面によってさまざまな語彙をとることが、円環によって示される。わたしたちは解脱という概念が虚無という概念にあたるという局面をかなりよく理解している。けれどこの『涅槃経』の語法は解脱とか虚無とかいう概念が、仏や菩薩とおなじ概念として、わたしたちに受容されている如来とひとしいものであるという『涅槃経』そのものの立場からする概念の円環を示すことになっている。ここでは短い文節の段落ごとに言葉はある眼に視えない概念の同一性のまわりを循環しながらもとにもどってくる。

親鸞はこの語法のうちにひそむ方法から深く影響された。影響されたというよりも、こういう語法に、自己同一化したといってもよい。

ひと口にいうならば親鸞の方法は、あるひとつの言葉、あるひとつの思想をあらわす経典の文や語句や文節があると、それを註釈するために、あくまでも言葉あるいは語彙の註釈、あるいは和語による別の概念への置きかえを意図しながら、しかし次第に註解や註釈の範囲をひとりでに超えてしまい、その超えてしまう個所でじぶんの独自の思想をのべるという方法だということができよう。

これは経典の知識をもたなかったり、教義上そういう知識をもつことを迂路として卻《さ》けている親鸞の教義の圏にある人びとにたいする、易しい言葉でする啓蒙のために編み出された方法であった。だが言葉を易しくすれば教義が易しくなり、理解しやすくなるなどとは信じがたいことである。そして事実としてみれば、易行道ということは、すなわち易しい言葉、あるいは易行道とは漢訳経典の理念と概念を、和語におき直す方法をみつけること自体であるというところに、親鸞はゆきつくことになった。これが親鸞の思想史上における独自性を、言葉としてみることの意味になっている。いいかえれば親鸞は、和讃の創出と相まって、言葉を註解し、註解を超え、そして教義的な核心に惹き入れるじぶんの方法を、和語による経典、経論、論註そのものとみなしている。これは親鸞にとって、あるいは無意識だったかもしれないが、親鸞の独創性は、そういう言葉の創出に中心があったことは疑いをいれない。

（「必得超絶去　往生安養国　横截五悪趣　悪趣自然閉　昇道無窮極　易往而無人
其国不逆違　自然之所牽」の註解）

「必得超絶去《ひっとくちょうぜっこ》　往生安養国《おうじょうあんにょうこく》」というのは、必はかならずということである。かならずというのはさだまったという心である。また自然という心である。得はえたということである。超はこえてという。絶は断ち捨て離れるという。去は捨つという、行くということである。娑婆世界を絶ちすてて、流転生死を超えはなれて、行き去るということである。安養浄土に往生することができようといっている。安養というのは、弥陀をほめてさしあげる御宣《みこと》とおもわれる。すなわち安楽浄土のことである。

「横截《おうぜつ》五《ご》悪趣《あくしゅ》　悪趣《あくしゅ》自《じ》然《ねん》閉《ぺい》」というのは、横はよこざまということである。よこざまというのは、如来の願力を信ずるゆえに、行者の計らいでなくて、五悪趣を自然に断ち捨て、四生を離れるのを横というのである。他力と申すことである。これを横超《おうちょう》というのである。横は竪《しゅ》に対する言葉である。超は迂に対する言葉である。竪はたてざま、超は迂に対する言葉である。竪はたてざま、迂はめぐることである。竪と迂とは自力聖道を示す心である。横超はすなわち他力真宗の本意である。截というのは、切るという。五悪趣のきずなをよこざまに切るのである。「悪趣自然閉」というのは、願力に帰命すると五道生死を閉じるゆえに自然閉という。閉はとずということである。弥陀の本願の業因にひかれて自然に浄土に生まれるのである。「昇道《しょうどう》無《む》窮極《ぐうごく》」というのは、昇はのぼるということである。のぼるというのは無上涅槃にいたる、これを昇というのである。道は大涅槃の道である。無窮極というのは、きわまりなしということである。「易往而無人《いおうにむにん》」というのは、易往はゆきやすいというのである。弥陀の本願力に乗ずると、本願の真実の浄土に生まれることが疑いないから行き易いというのである。無人というのは、人無しということである。人無しというのは、真実の信心をもった人はなかなかありえないので、真実の報土に生まれる人は稀だというのである。だからこそ、源信和尚は、報土に生まれる人は多からず、化土《けど》に生まれる人は少からずとおっしゃったのである。

「其国不逆違《ごこくふぎゃくい》　自然之所牽《じねんししょけん》」というのは、其国はそのくにという。すなわち安養浄刹である。不逆違はさかさまでないという、たがわないというのである。逆はさかさまという。違はたがうというのである。真実の信を得た人は、弥陀仏の大願業力のせいで自然に浄土へゆく業因がさだめられ、かの弥陀仏の業力にひかれるがゆえに往き易く、無上大涅槃にのぼるのにきわまりないとおっしゃっているのである。それだから自然之所牽と申すのである。他力の至心信楽の業因が自然にひきつけるのである。これを牽というのである。自然というのは、行者の計らいでないというのである。

（『尊号真像銘文』）

これはあるいはまだ語彙の自由な註解の範囲にはいるかもしれない。そして註解を自在にひろげながら教義的な核心をひとりでに述べている。

だが、それが問題なのではない。この註解自体が、経典、論書、註疏とまったくおなじ位相の言葉になっている。それを親鸞が無意識のうちに主張していることが重要なのだ。逆に漢訳の経典、論書、註疏のたぐいが、現にじぶんがやっていることとおなじなのだから、そう読まれるべきだと主張しているといってもよい。わたしたちは漢訳経典のたぐいを、むやみと敬虔に聖化して称えているか、あるいはむやみと解釈学的に読みすぎている。親鸞ははじめて、まっとうな経典の受容とはどういうものかを、試みようとしている。

「則是具足無上功徳」ともおっしゃっている。「則」というのは、すなわちということ。のりと申す言葉である。如来の本願を信じて一念すると、かならず求めないのに無上の功徳を得られるようにさせ、知らず知らずのうちに広大な利益を得るのである。自然にさまざまの悟りを、すなわちひらく法則である。法則というのは、はじめに行者のほうからの計らいでなくて、もともと思議することのできない利益にあずかることが、自然のありさまであることを知らせるのを法則というのである。一念信心を得る人のありさまが自然であることをあらわすのを法則と申すのである。

（『一念多念文意』）

（「一念多念のあらそひをなすひとをば、異学、別解のひととまふすなり」の註解）

別というのは、もともとひとつであることを、ふたつにわけてしまう言葉である。解はさとるということである。解くという言葉である。念仏しながら自力にさとりなすのである。そうであるからして別解というのである。また助業を好むものは、すなわち自力を励むひとである。自力というのは、じぶんの身をたのみ、じぶんの心をたのむことである。じぶんの力を励み、じぶんのさまざまの善根をたのむことである。

（『一念多念文意』）

ここでは言葉はすでに語や文の註解や註釈の範囲を超えている。たとえば「解」の語義として〈さとる〉も〈とく〉も辞典的なものだ。だが別解の意味を「念仏しながら自力にさとりなす」と註解したときには語の註釈を超えている。教義的な中心にむかって別解の意味をつきあて、はねかえったところで浄土の真実にとって、別解とはなにかが語られている。そしてこう語りひろげたところで、どうしても自力という言葉がでてくると、こんどは自力の概念が教理上から述べられる。

はじめの引用でもおなじことだ。「則《すなわ》ち是《こ》れ」の「則」は〈すなわち〉と〈のり〉というふたつの意味をもつことが註釈される。そしてここでは〈のり〉という意味のほうも包括したうえで、「自然にさまざまの悟りを、すなわちひらく法則である」といわれる。これは「則」の語釈としては逸脱なのだが、註解者の目的はこれを教理上の核心のほうへ架橋することなのだ。そこで「法則というのは、はじめに行者のほうからの計らいでなくて、もともと思議することのできない利益にあずかることが、自然のありさまであることを知らせるのを法則というのである。一念信心を得る人のありさまが自然であることをあらわすのを法則と申すのである」ということになる。これは親鸞教理のかけ値のない中心の表白にあたっている。「則」あるいは「法則」の概念をかんがえあわせたとき、親鸞にはすぐに自然という概念が喚起されたにちがいない。そしてこの自然はみずからは、はじめに計らわないという他力の本質にむすびつけられた。

親鸞の〈信〉では、浄土のイメージを喚起するような修練は、否定されている。また仏や如来を形象化した仏像や偶像の礼拝も否定されている。経典や論書や註疏を崇拝することも自力として卻けている。あとには言葉によって言葉につきあて、言葉によって言葉の浄土空間をひろげ、言葉によって言葉を超えるほか方法はのこされていないのだ。

「致使凡夫念即生《ちしぼんぶねんそくしょう》」（『法事讃』）というのは、「致」はむねとするということである。むねとするというのは、これを本とするという言葉である。いたるという。いたるというのは、真実の報土にいたるというのである。「使」はせしめるということである。「凡夫」はすなわちわれらのことである。「本願力」を信楽《しんぎょう》するのをむねとすべきだということである。「念」は如来の御誓願をふた心なく信ずることをいうのである。「即」は、すなわちということである。時を経ず、日を隔てず、正定聚の位にさだまるのを「即生」というのである。「生」は、生まれるということである。これを「念即生」と申すのである。また「即」は、つくということである。つくというのは、位にかならず登るべき身というのである。世俗の習にも、国の王の位に登るのを、即位という。位というのは、位《くらい》という。これを東宮の位にいる人は、かならず王の位に就くように、正定聚の位につくのは、東宮の位のようなものである。王の位に登るのは、即位という。これは、無上大涅槃にいたることを申すのである。信心の人は、正定聚になって、かならず滅度にいたると弥陀如来は御誓願になられたのである。これを「致」とするという。むねとすると申すのは、涅槃のさとりをひらくのをむねとするというのである。「凡夫」というのは、無明煩悩がわれらの身に充ち充ちてきて、欲も多く、瞋《いか》り、腹立ち、妬《そね》み、嫉《ねた》む心が、多くひまなく起って、臨終のときの一念にいたるまでとどまらず、消えず、絶えずと水火二河の譬喩に云われているとおりである。

（『一念多念文意』）

はじめに「致」という語の意味を説いているうちに「念即生」の理解の仕方にはいってゆく。そして信を得たひとはすぐに正定聚の位にいたり、この位はかならず無上大涅槃にいたることを約束された位であり、俗世の国の王になることがきまった東宮のような位だという他力教義のもっとも重要な概念をひきだすことになっている。

親鸞の和讃が、漢訳経典の偈にあたるとすれば、これらの註解は経の本文にあたっている。親鸞の言葉の位置づけ方からいえば、経典は直説であれ論証であれ論註であれ、このような註解とおなじ位相で受けとられなければならないし、逆にもし和語で経典が記されるとすればこれらの註解とおなじものとならなければならないと、無意識のうちにかんがえられていた。

親鸞は黙想や観想を認めていない。強制も修練も認めていない。つまりあらゆる宗教が必要とするはずのものを、すべて排除することになっている。そうだとすればのこされているのは、言葉の概念をつぎつぎに拡げ、連鎖させて、それがひとりでに寄り集って湛えられる場所を、思想としてさがしあてることであった。だから自然は教理であるとともに方法でもあったというべきである。

獲の字は因位のときにうることを獲という。得の字は果位のときにいたってうることを得というのである。名の字は因位のときのなを名という。号の字は果位のときのなを号という。自然というのは、自はおのずからということである。行者の計らいではない。しからしめるという言葉である。然というのは、しからしめるということは行者の計らいでなく、如来の誓願であるからである。法爾というのは、如来の御誓いであるゆえに、しからしめるのを法爾という。この法爾というのは、弥陀の御誓願であるがゆえに、すべて行者の計らいがないので、このゆえに他力には義がないのを義とすると知るべきである。自然というのは、もとよりしからしめるという言葉である。弥陀仏の御誓願が、もとより行者のほうからの計らいではなくて、弥陀が、南無阿弥陀仏とたのみにするようにおさせになって、迎えようと計らわせになったのであって、行者が良いとも、悪いともおもわないのを、自然というように申すのだと聞いています。御誓願の在りようは、無上仏にならせようと御誓いになったのである。無上仏と申すのは形も無くまします。形もましまさぬので、自然とは申すのである。形がましますと示現されたとしたら無上涅槃とは申さない。形もましまさぬ在りようを知らせようとして、はじめて弥陀仏というのだと聞き習っています。弥陀仏は自然ということの在りようを知らせる素材である。この道理を理解したあとでは、この自然のことについてはいつも挙げつらっていてはいけないことです。つねに自然のことを挙げつらっていると、義なきを義とするということは、なお義があるとおなじことになろう。こういったことどもが仏智の不思議であるのだ。

よしあしの文字をもしらぬひとはみな　まことのこころなりけるを
善悪の字しりがほは　おほそらごとのかたちなり
是非しらず邪正もわかぬ　このみなり
小慈小悲もなけれども　名利に人師をこのむなり
（『正像末和讃』末尾）

この文字にたいするこだわりは、親鸞の方法の核心であった。言葉の註解が、註解を超えて教理的な中心にはいり、さらに教理的な中心が、大乗教の中心にまで届いているほとんど唯一の個所である。いわば親鸞の言葉の註解法が最大の射程まで届いた、もっとも成功した場合にあたっている。わたしたちは親鸞の敬語的な擬人法に幻惑され、また既成の習俗のうちに描かれる仏像のイメージに習合されて、弥陀仏を人格化して受容していた。だがここでは突然のように、弥陀仏が形もない無上涅槃を知らせようとし、また自然という在り方が何であるかをさとらせようとする「素材」（「れう」）であることにはじめて言及された。わたしたちは一瞬はっとして親鸞のいだく虚無と、大乗教の本質的な虚無を覗き込むのだが、つぎの瞬間には、ほら覗いてわかったうえはあまりこだわってはいけないのだ、そうすると義なきを義とする自然の思想概念はなくなってしまうからな、と告げられて、蓋をされてしまうような気がする。だが親鸞がじしんの和語による本質的な言葉で、弥陀仏とは何かを語ったのは、わたしの知識の範囲では、これが唯一の個所である。言葉の比喩とイメージの状態が一瞬解体されて、色も形もない〈無〉として現われる。

3　教理にたがう言葉

深く信じそして念仏を称えれば、かならず自然な計らいで真実の浄土へ往生できる、たったそれだけの教理は、真実の浄土が切実な願いだった時期にも、ひとびとをそんなに手易くとらえたはずがなかった。生きているのが死苦にひとしく、しかもはじめて大規模なひとびとが、現世に生きることが死苦にひとしいと気づきはじめていた。また大規模なひとびとの想像力が、死苦が柔らげられる世界の願望を思い描けるようになっていた。これがひとびとをとらえた言葉の情況であった。親鸞ははじめて浄土教が世界思想のひとつとして、大規模な人々のなかに入りこめる時期がきたことを洞察した。

娑婆苦が死苦を超えるという覚醒のうえに多数の人々は、架空の報土への願望を築きあげる。難かしい修行もいらないし、知識もいらない。深く浄土の質料である弥陀仏の誓願を信じ、念仏すればよいのだから。だがこれを文字通り、言葉通りに信じて疑わないでいられるのは、教祖の系列と、まったく言葉も知識ももたない者の系列だけだ。そうでなければまったく善行の自意識をもたないか、よぎなく悪に明け暮れしている者たちだけである。厳密にいえば、すべての人間は、大なり小なりこのいずれでもありえない。いつも中間に位置している。このことは、すべての人間は大なり小なり親鸞の説く浄土教義にたいして、不信をもつものとしてしか存在し得ないことを意味していた。そうだとすれば親鸞は、教理にたがう言葉をもってこの自他の不信や、信の動揺に対応しなくてはならないはずであった。わたしたちが、親鸞がじっさいに吐き出した教理にたがう言葉に、本来的な意味（つまり思想）をもつ言葉をみようとするのは、わたしたちの現代もまた中世期とはちがった普遍的な意味で、不信の情況にあるからだ。しかも普遍性への〈信〉を一方の極において、不信の状態にあるからである。

念仏は、ほんとうに浄土に生まれる種子でもあるのでしょうか。また、地獄に堕ちるべき仕業なのでしょうか。いっこうによくわからないことです。

いずれの行も及びがたいこの身であるから、地獄はわが住家であると定まっています。

所詮は愚かなこの身の信心といえばこんなものであります。このうえは、念仏をえらんでお信じになられるのも、またお捨てになられるのも、皆さまのお計らい次第です。（以上『歎異抄』二）

煩悩の具足したわれらが、どんな行によっても、生死の迷いを離れることができないのを哀れにおもわれて、誓願を発起された弥陀仏の本意は、悪人が成仏するためのものでありますから、他力をたのみもうしあげる悪人が、もっとも往生の正しいもとをなす位置にあるのです。そこで善人でさえ往生できるのだ、まして悪人はなおさらだとおっしゃったのです。（『歎異抄』三）

念仏をもうしましても、踊躍歓喜の心がおころうとしないこと、また急いで浄土へ往きたい心がおこらないことは、どうかんがえたらよろしいことでしょうと、もうし入れていましたところ、親鸞もそういう不審をもっていたが、唯円房、おまえもおなじ心であったのか。

（『歎異抄』九）

これはさきにあげたような、教義を説得する言葉ではない。教義にたがう言葉を、教義にたがう心の状態にあって吐き出したものだ。親鸞は、こういう言葉で、あるときはじぶんを納得させることで他者を納得させようとし、あるときはじぶんが納得しないのに、なおかつ〈信〉の状態を肯定すれば、どういう理路が成り立つかを述べている。じぶんを愚かなもの、善をなしえないもの、というようにやつすことをすすめているようにもみえるし、所詮は愚かなもの、善をなしえないものという自覚のところまで位置を低下させているようにもみえる。それ以外でもどうにもなりえないのだから、信ずるよりほか仕方がないのだとむしろ云っているようにさえみえる。

深く信じ念仏を称えることで正定聚の位につき浄土はうたがいないと教理を弟子に説く親鸞と、念仏を称えても経に説かれたように嬉しくもならないし、急いで浄土へ往こうなどという心もおこらないという弟子の言葉に同意する親鸞とは、言葉の圏域に振幅をもっている。〈信〉から〈不信〉にまたがって言葉の帯域があるといってもよい。教理の言葉は多少とも理路と知識をもとに繰りだすことができるだろう。けれども教義にたがう言葉は、揺らぐ土台のうえに身を横たえたところから投げかけられる。善よりも悪の見積りのうえに、知よりも愚の見積りのうえに、じぶんの位置をはかるようにすることは、〈揺らぎ〉をいくらかでも少なくすることにはなるだろう。けれどそれでも〈揺らぎ〉はおさまるとはおもえない。そこで親鸞は主張する。善悪や煩悩の規模を人間の行為のうえにおくべきではない。そうしているあいだ〈揺らぎ〉はおさまることはありえない。善悪の罪はどんな小さなもの、卯毛《うのけ》羊毛《ひつじのけ》のさきの塵ほどのものでも宿業によるものだ。また煩悩はすべて流転生の永劫からやってくるものだ。その時間性と空間性の大きな規模のところまで、人間の存在の要因をさしもどすべきなのだ。親鸞はかろうじて教義を救済しながら、教義にたがう言葉の圏域を守備しているようにみえる。あるいは逆だったのかもしれない。教義にたがう言葉を吐きながら、かろうじて教義を擁護している、といえようか。

親鸞の言葉

吉本隆明編訳

歎異抄

一

阿弥陀如来の不思議な誓願のお助けを蒙むって、きっと往生を遂《と》げるのだと信じて、念仏を申そうとおもいたつ心がおこるその瞬間に、すぐにあの如来は衆生《しゅじょう》をつつみとって見離さない利益にあずからせてくださるのです。

阿弥陀如来の本願は老いも若いものも、善人も悪人もわけへだてなさるということはありません。ただひたすら信心が大切なものとかんがえるべきです。そのわけは、罪悪が深く重く、煩悩《ぼんのう》がとても盛んな衆生をたすけようとしての本願であられるからです。

それだからかの仏の本願を信ずるかぎりは、他の善も必要ではありません、念仏にまさるほどの善はないからです。悪をもおそれることはありません。阿弥陀如来の本願をさまたげるほどの悪はないからです。と云々。

二

皆さま方が十余ヶ国の境をこえて、遠い坂東の地から身命のほどをかえりみずに、この京の地に訪ねてこられたお志は、ひたすら極楽に往生する方法を問い聞こうとされてのことでしょう。それなのにわたしが念仏よりほかに往生の方法をも知っており、またひそかな法文などをも知っているにちがいないなどと推量して、そのところを知りたいなどおかんがえであるならば、たいへんなお間違いです。もしそんなことであるのなら、南都北嶺にも、優れた学匠たちがたくさんおいでになることですから、そういう方々にでもお遇《あ》いになって、往生の要訣をよくよくお聞きになるべきです。

親鸞においては、ただひたすら念仏して、阿弥陀如来にたすけていただきなさいというう、よき先師法然《ほうねん》のおっしゃった言葉のままに、信ずるほかに格別の根拠があるわけではありません。

念仏は、ほんとうに浄土に生まれるよすがなのでしょうか。また、地獄に堕ちてゆくべき業であるのでしょうか。まったくもって存知しない次第です。たとえ法然上人にだまされ申して、念仏したため地獄に堕ちたとしても、けっして後悔すべきでないのです。そのわけは、その他の修行にもはげんで、仏にもなれるはずのこの身が、念仏を称えて、地獄に堕ちたとでもいうのでしたら、だまされ申したという後悔も生ずるでしょう。いずれの行も及びがたいこの身であるから、地獄はわが住家であると定まっています。阿弥陀如来の本願が真実であるならば、釈尊《しゃくそん》の説かれた教えも虚言であるはずがありません。仏説が真実ならば、善導《ぜんどう》の御解釈も虚言をいっているはずはないでしょう。善導の御解釈が真実ならば、法然のおっしゃったお言葉も虚言でありえましょうか。法然のおっしゃった言葉が真実ならば、この親鸞が申し上げることどもも、また偽《いつわ》りであることもありますまい。

結局のところ、愚かなこの身の信心ではこのようになります。このうえは、念仏をえらんでお信じになられるのも、また捨てられるのも、皆さま方のお計らい次第です。と云々。

善人でさえもなお往生を遂げることができます。まして悪人ならばなおさらのことです。それなのに、世間のひとはいつも云っています。悪人でさえなお往生できる、まして善人ならばなおさらのことだというように。この言い方は、ちょっとかんがえると理路がとおっているようにみえますけれども、他力による本願の主旨にそむいています。そのわけは、自力で善を作《な》そうとする人は、どうしても他力を頼みにする心が欠けているので、阿弥陀如来の本願の対象にはなりません。けれども、自力を頼むこころをおもいかえして、如来の他力におすがりすれば、真実の浄土に往生を遂げることができます。

煩悩をいっぱいかかえたわたしたちが、どんな修行をしても、生死《しょうじ》の転変することの現世を離脱することはありえないのを、哀れにおもわれて阿弥陀如来が願いをおこされた本意は、悪人を成仏させようとするためですから、他力をたのみもうしあげる悪人が、もっとも往生の正しいもとをなす位置にあるのです。そこで、善人でさえ往生できるのだ、ましで悪人はなおさらだ、とおおせられたのです。

四

慈悲ということにも聖道《しょうどう》の慈悲と浄土の慈悲のちがうところがあります。聖道の慈悲というのは、一切のものをあわれみ、悲しみ、はぐくみ育てることです。けれどそうしても、思いのままに助けおおせることは、きわめてむつかしいことです。浄土の慈悲というのは、念仏して、速《すみ》やかに仏になって、大きなおおきな慈悲の心をもって、思いのままに自在に衆生を利することをいうのです。

この現世にあって、どんなにいとおしみ、ふびんにおもっても、思いどおりに助けることは難しいから、この慈悲はきりのないことです。それだから、念仏を称えることだけが、透徹した大きな慈悲心と申すべきでしょう。と云々。

五

親鸞は父母の追善供養のためということで、一度でも念仏を申したことは、まだありません。そのわけは一切の生きとし生けるものは、みなほんとうに世々生々にわたる父母兄弟なのです。誰もどんなひとでも、このつぎつぎに生まれ変わる世々に、仏になって助けてあげるべきです。じぶんの力で励んで積みあげる善だというのでしたら、念仏をさし向けてじぶんの父母をも助けようとされてもよいでしょう。けれどひたすら自力を捨てて、速やかに浄土のさとりをひらいたのならば、六つの境涯、四種の生まれ方の世界のすべてにわたって、どんな業苦《ごうく》に沈んでいるものにも、神通方便の力によって、なによりもまず縁のあった者から救ってあげるべきです。と云々。

六

ひたすら他力の念仏を修める仲間たちのあいだで、あれはじぶんの弟子だ、ひとの弟子だといった言い争いがあるということは、もってのほかのことがらです。親鸞は弟子一人さえもっていません。そのわけは、わたし個人の意図でもって、ひとに念仏をおすすめしたのなら、弟子ということでもあるでしょう。ただひたすら阿弥陀如来のおのずからな促しにあずかって、念仏を申すようになったひとを、じぶんの弟子だなどということは、たいへんに身のほどをしらぬひどいことです。

結びあう縁があれば道連れとなり、離れるべき縁があれば離れることもあるということなので、師にそむいて、ほかのひとに連れあって念仏すれば、往生はできなくなるにちがいないなどということは、説いてはならないことです。阿弥陀如来からいただいた信心を、わがものがおに、取り返そうと言うのでしょうか。かえすがえすもあってはならないことです。信が自然の理にかなっていますときは、ひとりでに仏恩をも知ることになり、また師の恩をも知ることになるはずです。と云々。

七

念仏者はただひたすら礙《さわ》りのないひとすじ道をゆくものです。そのわけはどういうことかというと、信心のきまった念仏の行者には天神地祇《てんじんちぎ》のような天地自然にひそんだ神々も敬伏し、魔界にすむもの、仏道以外の外道のものも障害をくわえることができません。罪悪もその業のむくいを感ずることができません。また諸々の善行も念仏に匹敵することはできないから、礙りのないひとすじ道なのです。と云々。

八

念仏はその行者にとっては、行でもなければ、善でもありません。じぶんの意図によって行ずるのではなく、如来の計らいに促されて念仏するのですから非行《ひぎょう》というのです。またじぶんが意図してつくる善でもありませんから、非善《ひぜん》というのです。念仏はひたすら他力によるもので、自力を超えたものですから、行者のためには行でもなければ善でもないということです。と云々。

九

念仏を申しても、踊りあがるような歓喜の心がわいてこないこと、また速やかに浄土へ参りたいこころを生じないのは、どう理解したらよろしいのでしょうかと、申しあげて訊ねましたところ、

親鸞もひそかにそういう疑問をいだいてきたが、唯円房《ゆいえんぼう》、おまえもおなじこころであったのか。

よくよくかんがえてみると、天におどり地におどるほどに喜ぶべきことであるのを、喜ばないということで、かえっていよいよ往生はまちがいなく遂げられるとおもうべきではあるまいか。それは喜ぶべき心を抑圧して、喜ばせないようにさせているのは煩悩の仕業だからだ。それなのに仏はずっと前からそれを見透されていて、わたしたち衆生を煩悩具足《ぐそく》の凡夫《ぼんぶ》とおっしゃっていることだから、仏の他力の悲願はこういったわたしたち凡夫のためにあるのだということがわかって、いよいよ頼もしく感じられるのです。

また浄土へいそいで往きたい心がないのに、すこしばかりの病気でもあると、もう死ぬのではなかろうかと、心細くおもったりすることも、煩悩の仕業です。遠いとおい前の世から現在まで生死の流転をくりかえしてきた苦悩のふる里は捨てがたくおもわれ、まだ生まれたことのない安らぎの浄土は恋しいとおもわないということは、ほんとうによくよく煩悩が盛んだというしるしでしょう。名残りおしくおもっても、娑《しゃ》婆《ば》の縁がつきて、ひとりでに力も衰えて死ぬべきときになったら、あの世へは往くべきものです。いそいで浄土へ往きたい心が生じないのを、仏はとりわけあわれみになるのです。そういうことにつけてこそ、いよいよ仏の大きな悲願は頼もしくおもわれ、往生はきっと遂げられるものとかんがえられます。踊りあがるような歓喜の心があったり、いそいで浄土へも往きたいというのでしたら、煩悩がないのではないかと、いぶかしくなってしまいましょう。と云々。

一〇

念仏というのは道理立てがないことが道理です。口にあらわすことも、説きあかすことも思慮することもできないから、とおっしゃいました。

そもそも、あの親鸞聖人が生きておられた昔、おなじように志をたてて、励ましあってはるかに遠い京洛の地に足を運び、信心をひとつにして、こころを未来にいたりつく真実の浄土につないだ仲間たちは、同じときに聖人の教えの趣旨をお聞きしたのですが、その人たちにしたがって念仏を称えられる老若の人々は、数えきれないほどおいでになりますが、そのなかで親鸞聖人のおっしゃらなかった異義などを、近ごろは、たくさん争論しあっておられる由を、風聞いたします。それらの異義が根拠のないものである次第を詳しく申述べます。

一二

……当時、専修念仏の人と聖道門の人とが論争をはじめて、わが宗派こそ勝れている、ほかの宗派は劣っている、と主張したりしたので、法敵もあらわれ、仏法をそしることとも生じたりしました。しかしこういうことは、自らじぶんの法をそしり破ることではないでしょうか。たとえ、おおくの宗門が挙げて、念仏は下根の無智な人のためにするもので、その宗の思想は浅くいやしい、と言ったとしても、ことさらに争わないで、われわれのような下根の凡夫、一文も字を読むことができないようなものが、信ずれば救われる旨を聞いて信心したものだから、たとえ上根の人にとってはいやしくても、わたしたちのためには最上の法です。たとえその他の宗派の教える仏法が勝れていたとしても、じぶんは、その器量が不足だから、勤めることができないのです。じぶんも他の人々も、生と死の問題を超えてしまうことが、仏たちのほんとうの意志であられるのですから、御さまたげなさらぬよう、といって、憎しみの様子をとらなければ、どんな人があって仇をしましょうか。(部分)

一三

弥陀の本願は不思議なものでありますからとて悪をおそれないのはまだ本願誇りといって往生がかなうことはないということ。この条は本願を疑うことで、善悪が宿世からの業によることを心得ていないことを意味します。

善い心がおこるのも宿業《しゅくごう》にうながされてのことです。悪事がおもわれ、為されるのも悪業の計らいがそうさせるからです。故上人のおおせには「兎の毛、羊の毛のさきについた塵ほども、造る罪が宿業によるものでないということはありえないと知るべきだ」と申されました。

又あるとき「唯円房はわたしのいうことばを信ずるか」とおおせあったので「その通りです」と申しあげたところ「それではわたしのいうことに背かないか」と重ねておっしゃったので、つつしんで了承の旨を申し上げると「たとえば人千人殺してみなされや。そうすれば往生は一定になるだろう」とおっしゃったが、そのとき「おおせではありますが一人もじぶんの身の器量では殺せおおせるともおもわれません」と申し上げますと「それではどうして親鸞のいうことに背かないなどと云うのか」と申されれ「これでもわかるだろう。何事も心にまかせたことならば、往生のために千人殺せといえば、その通り殺すだろう。けれども一人でも殺すべき業縁がないので殺害しないのである。じぶんの心が善いから殺さないのではない。また殺害しまいとおもっても百人千人を殺すことだってあるにちがいない」とおっしゃったのは、わたしたちが、心の善いのを「よし」とおもい、悪いのを「わるい」と思ってしまって、本願が不思議の力でわたしたちをおたすけになっているのをわきまえないことをおっしゃったのです。

そのむかし邪見に堕ちた人があって、悪を造った者をたすけようという仏の本願であるのだから、とてわざと好んで悪を造って往生の業因とすべき旨を主張して、さまざまな悪い所行のことが聞こえてきたとき、御消息文で「薬があるからとて毒を好むべからず」とおかきになったのは、かの邪執を停止させようがためでありました。まったく悪は往生の障りであるというのではありません。持戒持律によってだけ本願を信ずるというのでしたら、わたしたちはどうして生死の迷いを離れることができましょうかということです。こういうあさましい身も本願に出遇うことができてこそ、ほ

んとうに誇っておられるのでしょう。そうかといって身に具わらない悪業はとても造れないものであります。（部分）

一六

信心さだまったならば、往生ということは弥陀の計らいのままになされることですから、じぶんのほうの計らいであってはなりません。悪いときにつけても、いよいよ本願の力を仰ぎ申しあげれば、自然《じねん》の理によって、柔和な、たえしのぶこころもわきでてくるでしょう。すべてどんなことにつけても、往生のためには、賢いおもいをともなわずに、ただほれぼれと弥陀の御恩の深く重いことを、普段でもおもいだしておられるべきです。そうするとひとりでに念仏も口に称えられてまいります。これが自然ということです。じぶんのほうで計らわないところを、自然と申すのです。これがすなわち、他力ということであるのです。それなのに、自然ということが別にあるように、じぶんで物知り顔にいうひとがあるよし、風聞しますが、情けないことであります。（部分）

後　書

上人がいつもおっしゃったことに、「弥陀が五劫にわたり思惟を重ねて発せられた本願を、よくよくかんがえてみると、ただただ親鸞一人の為であります。そうとすれば幾多の業をもったわが身であるのを救ってやろうとおもいたたれた弥陀の本願のかたじけないことよ」。こう御述懐なさったことを、いまもう一度かんがえてみますと、善導が「自分はいま現に罪悪のある生死に迷った凡夫で、曠劫《こうごう》よりこのかた、いつも沈み、いつも流転して、迷いの世から出離する縁をもたない身だと知れ」とおっしゃった金言に、すこしも異なるところがありません。だから、ありがたいことに、じぶんの御身をひきあいにして、わたしたちが、わが身の罪悪が深いゆえんも知らず、如来の御恩の高いことをも知らずに迷っているのを、気づかせてやろうとされたためであります。ほんとうに如来の御恩ということをば忘れはてて、われひとともに良し悪しということばかり言いあっています。

上人のおおせには「善悪のふたつのことはまったくもってわたしの存知しないこと

です。そのわけは、如来が御心に良しとおおもいになるほどに知りとおしていればこそ善を知っているということにもなろうし、如来が悪しとおおもいになるほどに知りとおしているのならばこそ、悪を知っていることにもなるだろうが、煩悩具足の凡夫、火宅無常の世界は、万般のことはみなそらごと、たわごとで、まことがあることが無いなかに、ただ念仏だけがまことです」とおっしゃったことです。ほんとうに、わたしもひともそらごとばかりを申しあっていますなかに、ひとつだけ痛ましいことがあるのです。そのわけは、念仏を称えることについて、信心のありようをも、お互にたずねたり答えたりし、ひとにも言い聞かせたりするとき、相手の口を封じ、論じあいをさせないために、まったく上人がおっしゃらなかったことを、おおせになったことだとばかり言うことは、あさましく、嘆かわしくおもうことです。この旨を、よくよく思案して解決し、心にとめるべきことと存じます。（部分）

書簡

生命が終る際に浄土からお迎えがくるというのは、いろいろな行を積んで往生しようとする信仰の人たちに言えることです。

この人たちは自力の行者であるから、臨終を頼むということはいろんな行を積んで往生を遂げようとする人についていうべきです。それはまだ、真実の信心を得てないがためです。また、十悪五逆の罪を犯した人がはじめて善知識に出会って、念仏をすすめられたときにいうことです。

真実の信心を得た行者は、阿弥陀如来が救いとって捨てることがありませんから正定聚《しょうじょうじゅ》の位に住むことになります。このゆえに臨終をまつことはありません、来迎を頼みにすることもありません。信心が定まったそのときに往生もまた決定されるのです。御来迎の儀式を要しません。

正念というのは、阿弥陀如来の広大な誓願を信楽《しんぎょう》する心が定まることをいうのです。この信心が得られるゆえに、この上ない涅槃《ねはん》のさとりに到達できるのです。このような信心を一心といいます。この一心を金剛心といいます。この金剛心を大きな仏からさずけられたさとりの心といいます。これがとりもなおさず他力のなかの他力ということです。

また、正念というのに関しても二つあります。一つは精神を統一した定心を得ている行者の正念、二つには日常の散り乱れた散心の行者の正念があります。この二つの正念は他力のなかの自力の正念です。この定心を得ている人の善と、散心の人の善とは、いずれもいろいろな行を積んで往生にいたろうとする人たちの言葉に含まれてしまいます。この善は他力のなかの自力の善です。

このような自力の行者は、御来迎をまたないならば、辺地や胎生《たいしょう》界や懈慢界《けまんがい》にさえも生まれることができません。これだから阿弥陀如来の第十九願には、いろいろな善を積んで浄土にさし向けて往生したいと願う人の臨終には、わたしが姿を現わして来迎しようと御誓いをたてておられるのです。臨終を頼みにしてまつことと、御来迎を得て往生しようと願うこととは、ともにこの定心を得た行者や散心の行者のいうことです。

阿弥陀如来の択ばれた本願を信ずることとは、有念でもなければ、無念でもありません。有念というのは、とりもなおさず色や形をおもうということに関していうことです。無念というのは、形を心にかけず、色に心をおもい入れないで、念ずることもないのをいいます。これはいずれも聖道《しょうどう》の教えです。

聖道というのは、すでに仏になられたひとが、わたしたちの心を導きすすめるために開かれた、仏心宗、真言宗、法華宗、華厳宗、三論宗等の大乗至極の宗派の教えです。仏心宗というのは現にこの世にひろまっている禅宗がこれにあたります。また法相宗・成実宗・倶舎宗等の権教《ごんぎょう》、小乗等の教えです。これはみな聖道門です。権教というのは、とりもなおさず、すでに仏になられた仏・菩薩が、仮りにさまざまな形を現わしておすすめになるので「権」というのです。

浄土宗にもまた有念があり、無念があります。有念というのは散心の人が行ずる善の意味、無念というのは定心を得ている人の行ずる善の意味です。浄土宗でいう無念は聖道でいう無念とはちがいます。また、この聖道の無念のなかにまた有念がありま す。よくよく有識のひとに訊ねてください。

浄土宗のなかに真実のものと仮りのものとあります。真実というのは阿弥陀如来の択びとられた本願を信ずることです。仮りのものというのは定心を得た人の行ずる善と、散心の人の行ずる善のことです。

選択《せんちゃく》本願というのは浄土真宗です。定心の人の行ずる善と散心の人の行ずる善とは方便の仮りの法門です。浄土真宗は大乗の教えのなかでも至上のものです。

方便の仮りの法門のなかにまた、大乗と小乗の権教と真実の教えがあります。釈迦如来が教えをうけられた善知識の者は百十人ありました。『華厳経』に記されています。

南無阿弥陀仏

建長三歳辛亥閏九月廿日

愚禿《ぐとく》親鸞七十九歳

〔『末燈鈔』一〕

自然《じねん》というのは、自はおのずからということで、行者の計らいでなくて、そうならせるということばである。然というのは、そうならせるということばである。そうならせるというのは行者のほうの計らないでなくて、如来のほうの誓いであるがゆえに法爾《ほうに》というのです。

法爾というのは、この如来の御誓いであるからして、そうならせるのを法爾というのです。法爾とは、この御誓いであるがゆえに、まったく行者のほうのはからいがないので、この法の徳でひとりでにそうなるがゆえに、そうならせるというのです。すべて、人のほうからはじめに計らうのではありません。このゆえに、他力にあっては義なきを義とする、とするべきだというのです。自然というのは、もとよりひとりでにそうならせるということばです。

弥陀仏の御誓いは、もとより行者のほうの計らいではなくして、南無阿弥陀とたのみにするようにおさせになって仏がひとを迎えようと、計らわせになられたのであって、行者のほうで善いとも、悪いともおもわぬことを、自然とは申すのだと聞いております。

誓われた趣旨は、無上仏にならせてあげようと誓いになったのです。無上仏と申すのは、形もなくあらわれるのです。形があらわれないゆえに、自然とはいうのです。形があらわれるものと示現するときには、無上涅槃とは申しません。形もあらわれない態様を知らせようとて、はじめて弥陀仏というのだと聞き習っています。

阿弥陀仏は、自然のありようをわからせようとする質料です。この道理を心得たのちには、この自然ということについては、いつもいつも挙げつらうべきではありません。いつも自然をとやかく言っていると、義なきを義とするという趣意は失われて、なお義をあげつらうこととおなじになってしまうでしょう。これは仏智というものの不思議なところにかかわっております。

正嘉弐年十二月十四日　　　　愚禿親鸞八十六歳

〔『末燈鈔』五〕

なによりもとりわけ、去年と今年は老少男女の多くの人々が死にみまわれたことは痛ましいことです。けれど人の生と死の無常なゆえんは、ことこまかに如来がすでに説いておかれてしまっていますからは、驚きふためくべきではありますまい。

もとよりわたし自身の臨終が善悪いずれであるかは、どちらでもよろしいことですが、信心の定まってゆるぎない人は、往生の疑いをもたないので、正定聚の境地に住んでいることです。それゆえにこそ、愚かで無智の信心の人でも臨終を全うすることができるのでしょう。如来のお計らいとしての本願によって、往生を全うすることができる旨を人々に申されたことどもは、すこしも間違っておりません。年末皆さんに申し上げてきたことは、間違いなくそのことだったのです。ゆめゆめ学者ぶった論議などされずに、往生を全うすべきものと存じます。

なくなられた法然聖人は「浄土宗の人は愚者になって往生するのだ」と言われたことを、たしかに承ったことがありますうえに、物ごとなどなにも知らぬような無智の人々が参られたのを御覧になっては「あの人たちはきっと往生できる」といわれて微笑をもらされたのを、眼のあたりみております。文意など挙げつらって小賢しいような人が参りましたときは「あの人は往生できるかな、おぼつかないことだ」といわれるのを、たしかに聞きました。このことは今にいたるまで思いあたることです。

いろいろいう人たちに騙されることなく、御信心を動揺させずに、皆さんそれぞれに御往生を遂げられるべきです。ただし、人に騙されることがなくても、信心が定まらない人は正定聚の境位に住むことなく、浮動している人です。

あなたにこう申上げたことの趣旨を、皆さんにもお伝え下さるよう。あなかしこあなかしこ。

文応元年十一月十三日　　善信八十八歳

乗信御房

〔『末燈鈔』六〕

なによりも尊い仏の教えも知らず、また浄土宗の真実の心も知らないのに、不可解な放逸無慚《ほういつむざん》な者どものなかには、悪はおもうままに振舞ってよいというものがいるとか、かえすがえすもあってはならぬことです。北の郡にいた善乗房というような人に、最後まで親しみあうことがなくておわったことをご存じないのでしょうか。

凡夫だからといって、何事も思うままだということならば、盗みをもし、ひとをも殺しなんどすることがあってよいというのだろうか。はじめに盗み心があるひとも、極楽を願い念仏を申すほどの気持になると、はじめの邪《よこしま》な心をも思い直すことがあるといえるだろうが、その兆もないひとびとに、悪行をしてよいなどということは、ゆめ〳〵あるべきではありません。煩悩に狂わされて、思わずすまじきことをも為てしまい、いうまじきことをもいい、思うまじきことをもおもったりすることならありうることだ。障害にならないからとて、ひとのためにも腹黒く、すまじきことをもし、言うまじきことをもいうとならば、煩悩に狂わされたことではなくて、故意にすまじきことをもすることは、かえすがえすあってはならぬことです。

鹿島・行方郡の人々の間違ったことをいさめてやめさせ、その辺の人々のことに邪なかんがえをおさえられてこそ、わたしたちのあいだから出た甲斐があるといえます。

振舞いは何でも心にまかせよと言ったということですが、あさましいことであります。

この世の悪いことをも捨て、あさましいことをも為さないというのこそ、世を厭い念仏を申すということであるはずです。年来念仏をしてきたひとなどが、ひとのために悪いことをもし、また言ったりしたら、世を厭ういわれもないことです。

それだから、善導の御教えには悪を好む人をばつつしんで遠ざかるようにせよと、『観経疏』の至誠心を説かれた個所に教えておいでになるのです。いつどこに、じぶんの心の悪にまかせて振舞えと説かれてありましょうか。

だいたい経典やその釈義も知らず、如来のお言葉も知らない者が、けっして沙汰すべきことではありません。あなかしこあなかしこ。

十一月廿四日　　　親鸞

〔『末燈鈔』一六〕

いいよこした事詳しく聞きました。なによりも、哀愍房《あいみんぼう》とかいう人が京から手紙を得たとかいうことを申されたことは、かえすがえす不思議なことです。まだ姿形もみたことなく、手紙を一度も頂戴したことはない。これ以外申すこともないほど知らないのに、京から手紙を得たというのは、あさましいことです。

又、慈信房《じしんぼう》のいう法門の内実は、名目さえも聞かないものだ。知らないことを慈信一人に、夜親鸞が教えたのだと、人に慈信房がいい触らしているとのことで、これについても常陸、下野の人々は、みな親鸞が虚言をいった由を申しあっておいでだということで、今は父子の義はあるべきではないでしょう。

又、母の尼にも不可解な虚言をいい告げられたこと、いいなおす気にもなれない馬鹿気たことで、あさましくおもいます。壬生《みぶ》の女房がここへ来て申すことに、慈信房がくれた手紙だといって、持って来た手紙はここに置いてあります。慈信房の手紙だといってここにあり、その手紙はすこしも関わりのないことが書かれてあり、ことに継母にいい惑わされたと書かれているのは、あさましいことです。世にあるということを、継母の尼がいい惑わしたというのは、あさましい虚言である。

また、この世に、どうしてあるようになったかも知らないことを、壬生の女房のもとへも手紙があるということは、心も及ばぬほどの虚言で、心憂いことだと嘆いた次第だ。ほんとうにこういう虚言をいい触らして、六波羅の辺、鎌倉などにぶちまけたことは、心憂いことである。

こんなくらいの虚言はこの現世のことだから、たいしたことはないといえばいえよう。それでも虚言をいうことは、嫌なことだ。まして、往生極楽の大事をいい惑わして、常陸、下野の念仏者を惑わし、親に虚言をいいつけたことは、心憂いことである。弥陀の第十八願を、萎んだ花にたとえて、人から人へと、みな捨てるようにさせたと聞こえているがこれは、まことに謗法の科、また五逆の罪を好んで、人を損じ惑わしたことで、悲しいことである。

ことに分派の教団を立てた罪というのは、五逆のその一の罪である。親鸞に虚言を申しつけたのは、父を殺すことであり、五逆のなかの一つである。このことどもを伝え聞くことは、あさましさが言語に絶するものであるから、いまは親ということもありえないし、子とおもうことも思いきった。三宝、神明のまえにはっきりいいきってしまう。悲しいことである。わが法門に似ずとて、常陸の念仏者をみな惑わそうと意図していると聞きつたえていることは、心憂いかぎりのことだ。

親鸞の教えによって常陸の念仏者の人々を損ぜよと慈信房が教唆していること、鎌倉で風聞されたとしたらあさましくてあさましくてならない。

在判

五月廿九日

慈信房御返事

〔古写書簡〕

この御文章の内容は、詳しく拝見しました。

またさては慈信の法門の内容のせいで、常陸、下野の人々は念仏を称えられることについて、年来聞き知っていたのとは、みな変ってしまわれたと伝聞しております。かえすがえす心憂くあさましくおもいます。年来往生を一定といっておられた人々が、慈信とおなじように、虚言を皆申すようになったのにつけて、年来深く信頼してきたことを、かえすがえすあさましくおもいます。その理由は、往生の信心ということは、一念も疑うことがないことをこそ、往生一定とおもうからです。

光明寺の和尚（善導のこと）が〈信〉の内実を教えられたところによれば、まことの〈信〉を定められたのちには、弥陀のような仏、釈迦のような仏が、虚言に充ち〳〵て、釈迦の教え、弥陀の本願は出鱈目だとおっしゃっても、一念も疑うことがあってはならないというように聞いていますから、その意味のことを年来申しあげてきたのに、慈信くらいの者のいうことに常陸、下野の念仏者が、みなお心を動揺させて、果てはこれほど確かな証しとなる先達の文章を力を尽して数多く書いてさし上げたのに、それをみな捨ててしまわれたと伝え聞いたので、ともかくも何も言葉がでないほどです。

まず慈信が申した法門の内容は名目さえ聞いたことはない、まして習ったこともないので、慈信にひそかに教えられようはずがありません。また夜も昼も慈信一人に、人には秘して法門を教えたことはありません。もしこのことを慈信に申しながら、虚言をいって秘して、人々にも知らせずに教えたことがあったというなら、三宝を本にして、三界の諸天、善神、四海の龍神八部、閻魔王界の神祇冥道の罰が親鸞の身にことごとく振りかかるようにして欲しい。

自今以後は慈信をばわが子とおもうことを断ちきります。世間のことについても、不可解な虚言、いうもあさましいことなどをいいひろめていますので、出家の世界のことだけでなく、世間のことについても、恐ろしい申しふらしたことなどが無数にあります。なかにも、その（慈信に伝えたという）法門の中味を聞いてみると、心も及ばぬ申しごとであります。ぜんぜん親鸞自身は聞いたこともなく習ったこともないものです。かえすがえすあさましく心憂いことです。弥陀の本願を捨ててしまったということですが、それに人々が加担して親鸞をも虚言をいった者にしてしまっていることは、心憂く情けないことです。おお方のひとは『唯信鈔』、『自力他力の文』、『後世ものがたりのきゝがき』、『一念多念の証文』、『唯信鈔の文意』、『一念多念の文意』、これらを御覧になりながら、慈信の法門に従って、おおくの念仏者たちが弥陀の本願を捨ててしまっていることは、いうもなさけないことですから、これらの御文章のことを、今後は口にする資格はないものとおもいます。

また『真宗の聞書』という性信房《しょうしんぼう》が書いた文章は、ここで申し上げていることにすこしも背反するところがなく、嬉しくおもいます。『真宗の聞書』一帖はわたしの手元におさめておきます。また哀愍房とかいう人は、まだ会ったこともなく、また手紙一つあげたこともない、国から消息をもらったこともない。親鸞の手紙をもっていると申しているのは、恐ろしいことです。この『唯信鈔』というのは書き方がよろしくないものですから、火に焼いてしまって下さい。かえすがえす情けないことです。この文章は皆さんにも廻覧して下さい。

五月廿九日　　　　親鸞

性信御房　御返事

なおなお、ほんとうに念仏者たちの信心はかたく定まったものとおもっていたのは、みないつわりごとばかりでした。これほどに第十八願の本願を捨ててしまわれた人々の御言葉を頼みにして、年来やってきましたことは、嘆かわしくおもいます。この手紙は隠す理由もないことですから、よくよく皆さんにみせてあげてください。

〔『血脈文集』一〕

教行信証

〈衆生〉

（『浄土論註』を引用して）

問うていうには、大乗の経論のなかに、処々に「衆生《しゅじょう》は結局は、無生《むしょう》であり虚空《こくう》のようなものである」と説かれている。どうして天親菩薩は、「願わくは、生まれん」というのか。

答え。「衆生は無生であり、虚空のようなものである」と説くのには、二種類の意味がある。ひとつには、凡夫《ぼんぶ》が実体としての衆生とおもいがちなのとおなじような、また凡夫がかんがえがちな実体としての生や死のようなものである。こういうかんがえにあてはまることは、結局はひとつも存在しないだろう。亀の毛のような、虚空のようなものだ、ということである。ふたつには、いってみればすべてのものは因縁によって生じたのだから、すなわちこれは生じないことであって、あらゆることが存在しないことは、虚空みたいなものだ、というのである。天親菩薩が願わくは生まれたいといったことは、この因縁という意味である。こうした因縁の意味であるから、仮りに「生まれる」と名づけるのだ。凡夫が、実体としての衆生や、実体としての生や死があるとおもっているのとはちがうのである。〔行巻〕

〈他力〉

また『選択集』にいうのには「さて速やかに生死の迷いの世界をはなれようとおもうなら、二種の勝れた法のうち、ひとまず聖道門をさしおいて、択んで浄土門にはいりなさい。浄土門に入ろうとおもうならば、正行と雑行のふたつのうち、ひとまずさまざまな雑行をなげすてて、択んで正行に帰依すべきである。正行を修めようとおもうなら、正業と助業のうち、なお助業をかたわらにおいて、択んで正定《しょうじょう》を専一にすべきである。『正定の業』というのは、とりもなおさず仏の御名を称えることである。称名というのはかならず浄土に生まれることをいうのだ。阿弥陀仏の本願のお蔭だからである」と。

これによってはっきりとわかった。この称名は凡夫や聖者の自力の行ではないことが。それだからこそ「不廻向《ふえこう》の行」と名づけるのである。大乗の聖人も小乗の聖人も、重悪の人も軽悪の人も、みなおなじように平等に択ばれた仏の本願の大きな宝の海に入って念仏を称え仏に成るだろう。

このところがあって『論註』には「かの安楽の国土は阿弥陀如来の正しいさとりの清浄な花がうつしだされたところでないところはない。おなじようにひとしく念仏してそれ以外の別の道はないがゆえに」とおっしゃっている。

それだから真実の行と信とを得たものは、心に歓喜がおおきいので、これを「歓喜地」と名づける。これをさとりのはじめである初果《しょか》にたとえることは、初果の聖者は、なお迷いの眠りにまどろみ怠惰におちいることがあるけれども、人界に七生、天界に七生、中有に十四の二十八有の迷いまでで二十九有にはいたらないからである。ましてなおのこと十方の衆生の群生する世界のひとは、この行と信に一切をおまかせすれば救い取ってお捨てになることはない。それだからこそ「阿弥陀仏」と名づけるのである。これを他力という。このことから龍樹大士は「即時に必定に入る」とおっしゃった。曇鸞《どんらん》大師は「正定聚の数に入る」とおっしゃった。仰いでこれにおすがりすべきであり、ひたすらこれを行ずべきである。〔行巻〕

〈深心〉

智昇《ちしょう》法師の『集諸経礼懺儀《しゅうしょきょうらいさんぎ》』下巻にいうには、深心《じんしん》とはいってみれば真実の信心のことである。じぶんは煩悩にまみれた凡夫であって、善の根機はうすくすこししかなく、迷いの三つの世界を流転して、その火宅の境涯から抜けでて行こうとしないと信じ知ることである。そしていま「阿弥陀仏の広大な本願は、名号を称えて、下はわずか十声称えたり聞いたりするだけに至るまで、かならず浄土に往き生まれさせてくれるものだと信じ知って、ひと声の称名に至るまで疑いの心をいだかない。だからこそ「深心」と名づけるのである。

〔行巻〕〔信巻〕

〈二河譬喩〉

（善導の『観経疏』を引いて）

また、すべての浄土に生まれたいと願う人たちに申しあげるのだが、いまあらため て行者のためにひとつの譬喩《ひゆ》を説いて、信心を守護して、それによって外からの邪見 や異見のわざわいを防ぐことにしよう。これはつぎのようなことだ。

たとえばいまひとりの人があって、西に向って行こうとすると、百千のとおい里程 であった。忽然《こつぜん》として途中に二つの河があらわれ、ひとつの河は火の河で南にあり、 ふたつめの河は水の河で北にあった。二つの河はそれぞれ広さは百歩、それぞれ深く て底なしである。南北に果てしがない。ちょうど水と火の中間にひとつの白い道があ り、広さは四五寸ほどだった。この道は東の岸から西の岸に至るまで、また長さ百歩 で、その水の河は波浪が寄せあい、かぶって道を濡らしている。また火焔のほうは、 ふき寄せてきて道を焼いている。水と火は混じりあって、いつも絶えまがない。

この人は、すでに広いはてしない湿原のところにきたときには、ほかに人影とてな かった。たくさんの盗賊や恐ろしい獣たちがやってきて、この人が独りきりなのをみ て、気負いたって殺そうとおし寄せた。この人は、死ぬのが怖くて、まっしぐらに走って西に向ったが、忽然としてこの大河をみて、そこでひとり心のうちにつぶやいた。

「この河は、南北に河ふちがみえないほど広い。中間にひとつの白い道がみえる。とてもこれは狭くほそくなっている。二つの岸は距りが近いけれども、行くべき手だてがない。今日、じぶんはきっと死ぬことは疑いない。いまここで引きかえそうとすれば、盗賊の群れや恐ろしい獣たちが、しだいに近づいてくる。またここで南北に避けて走ろうとすると、恐ろしい獣や毒虫たちが威勢よくよせてきて、わたしに向ってくる。いまここで西に向って、にげ道をさがして行こうとすると、またおそらくはこの水と火の二つの河におちてしまうだろう」

この機会に出あって怖れおののくこと、また言葉にあらわせないほどだった。そこでじぶんで思いをこらして、

「わたしはいま引きかえせばどうせ死ぬだろう。とどまればまた死ぬだろう。行けばまた死ぬにちがいない。どれひとつとして死をまぬがれないとすれば、わたしはむしろこの道をもとめて先方に向ってゆこう。すでにこの道はあるのだから、きっと渡れるだろう」

とかんがえた。

この思いにかたむいたとき、東の岸に、たちまちひとがすすめる声が聞こえた。「きみよ、ただ心に決めてこの道をたずねて行きなさい。かならず死の難にあわぬだろう。もしとどまれば死ぬだろう」と。

また、西の岸のうえに人がいて、呼んでいうには、

「おまえは一心にひたすら思いをこめて、すぐに来なさい。わたしはきっとおまえを護ってあげよう。どんなことがあっても水と火の災難におちることを恐れるな」

といった。

この人は、そこで、ここにすすめ、かしこに呼ばう声を聞いて、すぐにじぶんでまさしく身心にきざみこんで決意して道をたずねて真直ぐにすすんで疑いためらい退く心を生ぜずに、一歩二歩とすすんで行くと、東の岸の群盗たちが呼んでいうのに、

「きみよ、もどってこい。この道は嶮悪《けんあく》であり、通り過ぎることはできない。かならず死んでしまうことはまちがいない。われわれは悪心があって襲いかかることなどない」

といった。

この人は、呼びかける声を聞いたが、ついに振り返らなかった。一心にまっしぐら

に道をすすんで念じながら行くと、すぐにその西の岸に到達して、そのあとずっとさまざまな難をまぬがれた。善い友たちと出会ってよろこびや楽しさはつきることがない有様であった。

これはいうところのたとえ話である。つぎにたとえ話を解きあかせば、「東の岸」というのは、すなわちこの娑婆の火宅の世界のたとえである。「西の岸」というのは、すなわち極楽浄土の宝の国のたとえである。「盗賊の群れ恐ろしい獣がいつわって近づく」というのは、衆生の六つの感官である六根、六つの認識作用である六識、六つの認識対象である六塵、五つの存在の要素である五陰、四つの物質の構成要素である四大のたとえである。

「ひとのいない広いはてのない湿原」というのは、すなわちいつも悪い友だちに連れだって、ほんとうの善知識に出遇おうとしないことのたとえである。「水火の二つの河」というのは、すなわち衆生の貪欲な愛を水のようにたとえ、瞋《いか》りや憎しみを火のようにたとえたものである。「中間の白い道四五寸」というのは、すなわち衆生の貪瞋の煩悩《ぼんのう》のなかに、なんとか清浄な浄土へ生まれようという願いの心を生じさせることにたとえた。いまここで貪瞋が強いものだから、すなわち「水火のようだ」とたとえた。善心は微小なので「白い道のようだ」とたとえた。

また「水の波が絶えず道を濡らしている」というのは、愛欲のこころが絶えずおこって、すぐに善心を汚染するのにたとえた。また「火焔が絶えず道を焼く」というのは、すなわち瞋りや嫌悪の心がいつも仏の功徳の教えの宝を焼いてしまうのにたとえた。「人が、道の上をひたすら西に向う」というのは、すなわちさまざまな修行のわざをふりむけて、まっすぐ西方に向うことにたとえた。「東の岸に、人の声がすすめ行かせようとするのを聞いて、道をもとめてひたすら西にすすんだ」というのは、すなわち釈迦仏がすでに入滅されて、後の世の人は、お姿をみることができなくなった。なお仏の教えがのこされているのを求めることにたとえたのである。すなわちこれを声のようにたとえたのである。

「あるいは行くこと一歩二歩ばかりで、盗賊の群れなどが呼びもどそうとした」というのは、すなわち別の解釈、別の修行の仕方、悪いかんがえをもった人たちが、みだりにじぶんの見解を説いて、たがいに惑わしあい混乱をきたし、そして自身で罪を造ってまことの道を失って退くことにたとえたのである。「西の岸の上に、ひとがいて呼んだ」というのは、阿弥陀仏の本願の趣意にたとえた。「すぐに、西の岸に到達して、善き友たちと出会って喜んだ」というのは、すなわち衆生が長いあいだ生死の迷いに沈んで、永劫のむかしから輪廻《りんね》をくりかえし、迷いに動転して、じぶん自身を束縛して解脱のさとりを得るよすがもない。そこでお願いして釈迦仏がみずから行くようすすめて、教えをいただいて西方浄土にお迎えいただくことにして、また阿弥陀如来の慈悲により呼び招いていただくことによって、いま釈迦・阿弥陀仏の二尊の御心を信じ従って水火の二つの河をおそれもせず、一瞬ごとの思いに忘れることなく、あの阿弥陀仏の本願のお力に乗って、生命が終ったあとは、かの清浄の国土に生まれることができて、仏と出遇って慶びあふれることが、限りあろうかということをたとえたのである。

また一切の念仏の行者は、ふだんの行住坐臥のあいだに身体・口・心の三つの所業を修行して、昼夜時節のべつなく、いつもこの理解を身につけ、いつもこのことを想念するゆえに「廻向発願心」と名づける。また「廻向」というのは、かの清浄の国土に生まれおおせて、かえって大慈悲心をふるいおこして、生死のこの世にもどってきて、衆生を教化することを、また「廻向」と名づけるのである。三つの心が具わったからには、修行として成就しないことはない。もし願いの修行が成就したのちに、もしかの浄土に生まれないようなことがあれば、この道理はないことになる。ということである。またこの三つの心は、また平静な心でする善の修行の意味と通底している、ということである。こう理解すべきだとおもう。以上。〔信巻〕

〈本願三心〉

〔至心〕

また問う。文字の意味からすると、論主天親の考えが、三心《さんしん》をもって一心に集約した意味は、理屈はそのとおりだといっても、愚かで悪を造る衆生のために、阿弥陀如来が、すでに三心の願をおこされている。これをどうかんがえたらいいのだろうか。

答えよう。仏の意志はおしはかりにくい。だけれどもひそかにその心を推量すると、一切の生きものをいれた海のような世界は、はじめのない遠い昔から、穢悪《えあく》に汚染していて清浄の心とてない。うそいつわりへつらいの世界で真実の心もない。こういうことだから、如来は一切の苦悩する衆生の海のような世界を悲しみあわれんで、思惟によってはかれないほどの長い時間の永劫のあいだ菩薩の修行を行われたときに、身体と口と心の三業の修行をするところ、ひとつの思い、ひとつの瞬間も清浄でないということはなかった。また真実の心でないということはなかった。如来は清浄な真実の心でもって、まろやかで自由自在な思いはかることも、口にあらわすことも、言葉で説くこともできない至上の徳を成し遂げられた。如来の至心《ししん》をもって、有情《うじょう》の世界の一切の煩悩や悪業や邪《よこしま》な智慧によごれた衆生たちの住む海のような世界にさし向け施されたのである。すなわちこれは他者を利する真実の心をあらわしている。それだからこそ疑いがきざすことはない。この至心というのは、すなわちこれは至上の徳をそなえた仏の御名をその本体とするものである。

〔信楽〕

つぎに「信楽《しんぎょう》」というのは、すなわちこれは如来の満たされた大慈悲、まろやかで自由自在にとけあった信心の海のことである。これだから疑いがいろいろと混じりあっていることがない。これがために「信楽」と名づける。すなわち人びとを利しようとしてさし向けられる仏の至心のことを信楽の本体とするのである。

しかるにはじめのないほど遠い昔から、一切の衆生の住む海のような世界は、光明のない海に流転して、さまざまな迷いに沈みまどい、たくさんの苦しみに縛られてしまって清浄な信楽がない。本来の自然なすがたとして真実の信楽がない。こういうことだからこの上ない功徳にであうこともなく、もっとも優れた浄らかな信心を獲得することも難かしい。すべての愚かなつまらない人たちは、いつどんなときでも、貪欲な執着心でいつも善心をけがし、瞋《いか》りや憎しみの心がいつも仏の教えの財物を焼き捨てしまう。にわかづくりに休むひまなく修行して頭にかかる火を消すようにしても、それはすべて「雑毒雑修《ぞうどくざっしゅ》の善」と名づけられる。また「虚仮諂偽《こけてんぎ》の行」と名づけられる。「真実の業」とは名づけないのである。このいつわりのさまざまの毒をもった善によってかぎりない光明の浄土に生まれようとしても、これはきっと駄目である。

なぜかというと、まさしく如来が、菩薩の修行を行われたとき、身体と口と心の修行においてひとつの思い、ひとつの瞬間も疑いを混えることがなかったからである。この心はすなわち如来の大慈悲の心であるからして、かならず真実の浄土に生まれることのきまった正定の原因となる。如来は苦悩する衆生たちの海のような世界を悲しみ憐れんで、さわりのない広大な浄らかな信心をもって、たくさんの有情のものたちの海のような世界にさし向け施しになった。これを「利他真実の信心」と名づける。

〔欲生〕

つぎに「欲生《よくしょう》」というのは、すなわちこれは如来がさまざまな有情の世界の衆生たちを招きよせようとされた勅命である。すなわち真実の信楽が欲生ということの本体ということである。まことにこれは大乗や小乗の凡夫や聖者の心静かな状態で、あるいは平常の状態で自力で行う修行をさし向けることではない。この理由で「不廻向」と名づけるのである。

けれども小さな塵のように数多い世界の迷いのものたちは、煩悩の海に流転し、生死の迷いの海に漂い沈没して、真実の廻向心をもっていない。これだから、如来は一切の苦悩におぼれた衆生たちの海のような世界をあわれにおもい、菩薩の修行を行われたとき、身体や口や心の三つの業の修行において、ひとつの思い、ひとつの瞬間でさえも廻向心をさきだて、大慈悲心を成し遂げることを得られたので、他者を利する真実の欲生の心でもって、さまざまな有情の迷いの海のような世界にさし向け施されたのである。

欲生というのは如来の廻向心のことである。これはすなわち大慈悲の心であるがゆえに、疑いのまじることがない。〔信巻〕

〈三心一心〉

ほんとうにわかった。「至心」、「信楽」、「欲生」というのはその言葉はちがっているけれども、その心はまったく一つである。どうしてかといえば、この三つの心はどれも疑いのまじわることがない。だから真実の一心である。これを「金剛の真心」と名づける。金剛の真心は、これを「真実の信心」と名づける。真実の信心はかならず仏の名号を具えている。仏の名号はかならずしも仏の本願の力を信ずる心を具えているとはかぎらない。このゆえに論主天親ははじめに「我れ一心に」とおっしゃったのである。また「かの名号の意味のように、ほんとうに修行を相応させようとかんがえるゆえに」と言われたのである。〔信巻〕

〈信心の徳〉

おおよそ、大きな信のひろい海についてかんがえてみると、それは、身分の高い賤しいや、僧侶や俗世の人のへだてもなく、男女、老幼のべつもなく、犯した罪の多少ともかかわりなく、修行期間の長短も問題としない。それは、じぶんの意志でおこなう行でもないし、じぶんでおこなう善でもなく、またすばやくさとる教えでもないし、漸次さとりに近づく教えでもない。定心による定善でも、散心で行ずる散善でもなく、正しい観想でも、まちがった観想でもなく、姿・形のあるものに想いをこらすのでも、姿・形のないものに想いをこらすのでもない。平生の生きざままでも、臨終正念でもなく、数多く念仏するのでも、一遍とかぎった念仏でもない。それはただ、思惟を超えた、文字にも設けず、口にもあらわせない信楽なのである。たとえば、不死の阿弥陀薬がよく一切の毒を消すように、如来の誓願の薬はよく智のある人や愚かな人の毒を消すのである。

〔信巻〕

〈横超〉

「横に跳び超える」とは、すなわち本願が成就されるただひとつある真実の円満な真の教えであって、つまり真宗がこれである。またさらに「横に進んで行く」がある。これはすなわち、上・中・下三種類の人たち（三輩《さんぱい》）、あるいは九段階の人たち（九《く》品《ぼん》）、または定心や散心で行ずる修行（定散《じょうさん》）にはげむ人たちのための教えであって、仮りの浄土である化土《けど》や懈慢界《けまんがい》に生まれる、遠まわりの善である。阿弥陀仏のおおきな本願によって得られる清浄な真実の浄土に生まれるには、人の身分や位階の差はかかわりない。わずか一念するちょっとの間に、速やかにはやく無上の正真のさとりの道を得る。それだから、「横超《おうちょう》」というのである。〔信巻〕

〈便同弥勒〉

ほんとうにわかった。すなわち、弥勒菩薩は仏のさとりにひとしい位（等覚《とうがく》）にあって金剛心をきわめているから、龍華樹のもとで、三回の説法をおこなわれるとき、きっと最高の仏のさとりの位を極められるはずである。そして念仏の衆生は横超の金剛心をきわめるから、命の終る瞬間の一念の夕べに、大きな仏の涅槃のさとりを得るのである。だから「たやすくおなじ位だ（便同《べんどう》）」というのである。そればかりではなく、金剛心をうる人は、そのときに、韋提《いだい》夫人とおなじように、喜びとさとりと信心の三つの忍を獲得するだろう。これこそは、すなわち如来から浄土に生まれるようにさし向けられた真心が徹底して行きわたったからであり、また不可思議な如来の本願の誓いによったからである。〔信巻〕

〈還相廻向〉

ふたつには「還相《げんそう》の廻向《えこう》」というのは、すなわちこれはこの現世に還ってきて他者を利するために教えみちびく境位である。これはすなわち第二十二願の「必至補処の願」からでたものである。また「一生補処の願」とも名づけ、また「還相廻向の願」とも名づけるべきである。曇鸞《どんらん》の『論註』にみえているから、願文をださない。『論註』をひもといて欲しい。〔証巻〕

〈入出二門〉

(『浄土論註』の引用)

『浄土論』に、「この五種の門の初めの四種の門は、浄土に入る功徳を完成されたことをいい、第五の門は浄土を出る功徳を完成されたことである」と言われている。

この浄土に入る功徳と出る功徳とは、つまりどのようなことなのか。『論』にこれを解釈して、

「入の第一門というのは、阿弥陀仏を礼拝することによってかの国に生まれようとして、そうするのであるゆえにかの安楽世界に生まれることができるようにさせることである。これを第一門と名づける」と言っている。仏を礼拝して仏の国に生まれたいと願うのが、最初の功徳の姿である、と。

「入の第二門というのは、阿弥陀仏を讃歎し、その名号とその意味あいにかなうように如来の名号を称えさせて、如来の光りかがやく智の姿によって修行したのであるから、大会衆の人たちのなかに入ることができる。これを入の第二門と名づける」とおっしゃった。如来の名号とその意味あいによって讃歎するもので、これが第二の功徳の姿である、と。

「入の第三門というのは、一心にもっぱら念仏し、誓いを立てて、かの浄土に生まれて、心静かに精神を統一し、静かな三昧の行を修めようとするゆえに、蓮華蔵世界に入ることができるようになる。これを入の第三門と名づける」。心静かな精神統一を修めようとするゆえに、一心にかの国に生まれたいと願うもので、これが第三門の功徳の姿である。

「入の第四門というのは、かの浄土の美しい荘厳さを一心に念じ、観察し、正しい智慧をはたらかせる修行をするからしてかの浄土にいたることができ、さまざまな教えの味わいを楽しむものである。これを入の第四門と名づける」とおっしゃった。「さまざまな教えの味わいを楽しむ」というのは、正しい智慧をはたらかせて観察することのなかには仏の国の清らかさを観察して味わえるものや、衆生を救いとる大乗を観察する味わいとか、仏の真実の力によってついには支えられる、その功徳を観察して得る味わい、衆生の種類に応じてこれに恵みを与え、仏の国を出現させて、衆生を導くことを観察する味わいなどが具わっていることをいう。こうした、量りしれないほど美しく飾られた仏の道が味わえるから、「さまざまな」といわれたのである。これが第四の功徳の姿である、と。

「出の第五門というのは、大きな慈悲によって、一切の苦悩する衆生を観察して、それぞれに応じた仮りの姿を現わし、生死の迷いの園や、煩悩の林の中に向って入ってゆき、不思議な神通によって遊びたわむれ、教え導く境位にいたる。これは、仏の本願の力がさし向けられることによって与えられたものであるから、これを出の第五門と名づける」とおっしゃった。「それぞれに応じた仮りの姿を現わす」というのは、『法華経』の「普門品」に説く、さまざまに身をかえて現われるたぐいである。遊びたわむれることにはふたつの意味がある。ひとつには、自在という意味である。菩薩が衆生を救うことは、たとえば獅子が鹿をうつようなものだ。なんの造作もないといったことは、あたかも遊びたわむれるのに似ている。ふたつには、救っても、救われるものはないという意味である。菩薩は衆生の姿をごらんになって、衆生は究極においてそれとしてあるものではない。量りしれない多くの衆生を救っても、実はひとりの衆生もさとりを得るものはないのである。衆生を救おうとする姿を示すことは、あたかも遊びたわむれるのに似ている。〔証巻〕

〈如来即涅槃〉

『涅槃経』にいわれている。

「また、さとり（解脱）は、名づけて実体のない絶対的な無（虚無）という。実体のない絶対的な無は、すなわちさとりであり、さとりはすなわち如来である。如来はすなわち実体のない絶対的な無である。行為をなさないところの所作である。〔中略〕真のさとり（解脱）は、生ずるものでもなく滅するものでもない。それだから、さとりはすなわち如来である。如来もまたおなじくさとりである。生ずるものでも滅するものでもなく、老いも死にもしないし、破れも壊れもしないものであり、生滅をくりかえす有為の法ではない。このような意味があるからして『如来は大涅槃に入る』と名づけられる。〔中略〕また、さとり（解脱）はこの上もないもののなかの最上（無上）と名づけられる。〔中略〕この上もないものの最上とは真のさとり（解脱）であり、真のさとりは如来である。〔中略〕真のさとりを得てしまったあとでは、愛欲も疑いもない。愛欲も疑いもないものは、すなわち真のさとり（解脱）であり、真のさとりはすなわち如来である。〔中略〕如来はすなわち涅槃であり、涅槃はすなわち尽きることのないものであり、尽きることのないものはすなわち仏性であり、仏性はすなわち定まってしまったもの（決定）であり、定まってしまったものはすなわち真のさとりを得てしまったことである」と。

〔真仏土巻〕

〈観経の隠顕〉

問う。『大無量寿経《だいむりょうじゅきょう》』にいう三心と『観無量寿経《かんむりょうじゅきょう》』にいう三心とはその異同はどうだろうか。

答える。註釈された善導の意のあるところを汲んで『無量寿仏観経《むりょうじゅぶつかんぎょう》』をかんがえてみると、おもてにあらわれた顕と、うらにみえるところの彰隠密のふたつの意味がある。顕というのは、すなわち定まった心の善と散らばった心の状態の善（定散諸善）をあらわし、上・中・下の三種の人の三心をひらくものである。けれども定善と散善の二つの善行や三善の中味である世福・戒福・行福の三つの福は、真実の浄土に生まれるための真因ではない。さまざまな契機による三心は、それぞれ自らを利するためのもので、他者を利する一心ではない。如来のとくにすぐれた手だては浄土を願い慕わせるための善根である。これはこの経の心である。これが顕の意味である。

彰というのは、如来の広大な本願をあらわしており、他者を利して浄土に入らしめる一心を広く説いている。提婆達多《だいばだった》や阿闍世王《あじゃせおう》の悪逆をよすがとして釈迦如来はこころに湛えていた本来のかんがえを明らかにした。韋提《いだい》夫人がとくに阿弥陀仏の浄土を択んだほんとうの意志を手がかりにして、阿弥陀仏の大きな慈悲の本願を明らかに解明した。これがすなわちこの経の隠れた彰ということの意味である。

ここのところで『経』には「わたしに清浄な世界を観想することを教えてくださ い」とおっしゃっている。「清浄な世界（清浄業処）」というのは、すなわち阿弥陀仏の本願が成し遂げられる真実の浄土のことである。「わたしに思惟することを教えてください」というのは、すなわち方便である。「わたしに正しく受けとることを教えてください」というのは、すなわち金剛の真の信心のことである。「かの国土の浄業を成す仏を観知する」とおっしゃった。本願を成就された尽十方無礙光如来を観知するだろうということである。「広く説きたくさんのたとえをのべる」とおっしゃった。これはすなわち十三観である。「汝はこれ凡夫で心や想念が弱く劣っている」とおっしゃった。すなわちこれは悪人が往生の契機であることをあらわしている。「いろいろな仏や如来は異った方便をもっている」とおっしゃっている。すなわちこれは定散のさまざまな善の行いが方便の教えであることをあらわしている。「仏の力によってこそかの国土を見ることができる」とおっしゃっている。これはすなわち他力の心をあらわしている。「もし仏が入滅されたあとのいろいろな衆生たち」とおっしゃっている。すなわちこれは未来の衆生が往生の正機であることをあらわしている。「もし経の説くところに合致するとしても粗雑な観想と名づける」とおっしゃっている。これは定による観想が成就しがたいことをあらわしている。「現身のなかにおいて念仏三昧を得る」とおっしゃっている。すなわちこれは定による観想を成就した利益は、念仏三昧が得られることで観想の利益とすることをあらわしている。すなわち観想門を方便の教えだとみなしているのである。「三種の心をおこして即座に浄土に生まれる」とおっしゃっている。また「また三種の衆生があって、まさに浄土に生まれることができるだろう」とおっしゃっている。これらの文によると、上・中・下の三輩について三種の三心があり、また二種の往生があることがわかる。

ほんとうに知ることができる。つまりこの『経』にはおもてむきの顕とうらからみられる彰隠密のふたつの意味があることを。『大経』と『観経』のふたつの三心は、同じところと異なるところとがあることを語ってみよう。これをよく思量すべきである。『大経』と『観経』は、おもてむきの顕の意味によれば異っている。彰の意味によれば同一である。これを知るべきである。

〔化身土巻〕

〈三願転入〉

このゆえをもって、愚禿釈の親鸞は、論主天親と註釈者曇鸞の解釈をあがめ、善導以下の宗師の導きによって、ずっと以前に、さまざまの修行をおこない、さまざまの善をなすというまだ自力をまじえた仮りの門を出て、ながいあいだにわたり双樹林下に荘厳に往生するという考え方を離れて、すべての善の根源、徳の根本である真の門に転入して、ひたすら〈知〉をたよらない他力の往生の心を発起した。しかるにいま、とくに、方便や計らいの名残りをのこした真の門を出て、弥陀の選択された本願に絶対に帰依する広い海に転入し、速やかに〈知〉にたよらないというだけの往生の心を離れて〈知〉を絶した絶対他力の往生への道を歩みきろうとしている。弥陀の「果遂之誓」は、ほんとうに根拠があるというべきである。〔化身土巻〕

親鸞をめぐる三つの対話

『歎異抄』の現在性

鮎川信夫
吉本隆明

悪人正機説をめぐって

鮎川　吉本くんは、『最後の親鸞』（一九七六年）を書いて、そのあと『論註と喩』（一九七八年）を出したわけで、親鸞については、もう考えられるぎりぎりのところまで考えたといっていいと思うんです。ぼくはどっちも非常に面白く読んだんです。ロジックとしては、足を一歩々々確実に踏んで行くような、そういう論理の運びというか手順としては非常に納得したんですけど、それでも全部読んでしまって巻を閉じてから、元の振出しへ戻ってやっぱり分らなくなってしまうところが出てくる。なんか、いつも元の振出しへ戻っちゃうところがあるんです。吉本くんも、おそらく今までだっていろんな人の質問にいろんな答え方をしてきたと思うんですよ。それをまたここで同じことをくりかえす、何べんでも同じことを言うよりしようがないってとこが出てきて、ちょっと鬱陶しいと思うんですけどね。

吉本　いやいや、それはいいのですけども。

鮎川　『最後の親鸞』と『論註と喩』についてはみんなが読んでるものとして話していくつもりなんだけども、親鸞がたとえば『歎異抄』の、善人でさえ往生を遂げる、まして悪人はなおさらである、というふうなところへいくまでのプロセスというか、そこで彼が直面した状況は、ふたつあるわけですよね、大きく分けて。ひとつは一種の、いま流にいえば教条主義的な立場からの反撥と、それからもうひとつは造悪論的な逸脱と、その両方に対面しなきゃならなかったわけだけどね。それで、「善人なをもて往生を遂ぐ……」という言葉、そこへたどり着くまでの過程ってのはよく分かる……これはものすごく有名な言葉だよね。誰でも知ってる。

吉本　そうなんですよ。

鮎川　たとえばうちなんかも真宗だから、おふくろなんかに聞いてみると、随分昔に聞いたことがある、なんか坊主とおやじが喋っているときに、おやじのほうが質問して、それに対して坊主が答えているのを聞いたとか、ぼくなんかでももちろん本で読むより前に知ってるわけですよ。それくらいまあ非常に浸透している。真宗の門弟なら、必ずどこかで聞いてるわけでしょ。葬式とか法事とかがあるたびに坊主が来ますし、そうするとちょっとした間にでもいろんな話をする。だからどっかで必ず聞いている。だけど、それじゃどういう意味で理解していたかということになると、それはあんまりよく分らないんですよ。ただ仏の本願というものは、非常に広大無辺なものだから、というぐらいの、それをすこし誇張して言ったというぐらいな感じでしか受けとっていない人が多いんじゃないかと思う。だけど『歎異抄』そのものについてみると、善人というのは要するに自力を恃む心が強いから、かえってそれがいわば浄土へ赴く障害になる、というロジックですよね、だいたい。

吉本　そうですね。

鮎川　だけど、それをごく一般化して考えると、結局それは造悪論に関連するんだけど、それじゃ勝手なことをやっていいんじゃないか、思うままに悪をなしたとしても、そのほうがむしろ、浄土へ往くチャンスが多いのなら、いいんじゃないかというのは、ちょっと考えれば、誰でもすぐ浮かぶ考えだと思うんですよ。

吉本　はい。

鮎川　だけど、どうなのかな。その場合、親鸞は、そういう人間が意志して出来る善意というものを、小さくして扱っている。小さくっていうか、ぼくは問題を縮小してと思うわけです。ふつうのたとえば道徳論的な考えってものを、非常にミニマイズしてしまったんだと。そこのところは非常に宗教的だと思うんですよ。きみだったらおそらく思想的だっていうんだと思う。ぼくは逆にいうと、そこだけが宗教なんじゃないかなって気が、ちょっとするんですがね。道徳問題というものをそういうふうにミニマイズしちゃって、善も悪も大したことない、人間が意志してできる善悪なんか、そんなものは大したことないと言い切るってことは、やっぱりぼくは宗教の次元だからできるんだというふうに感じちゃうんです。それは当然きみの親鸞論でも不可避性――たとえば宿縁とか宿業、そういうことばに非常にウエイトが置かれていて不可避性ということが強調されている。だけど、現実に生きていくうえで、本当にそれが不可避性であるか、あるいは可避性であるかってことは、ぼくはかなり不分明な問題じゃないかと思う。それは外側からみて、たとえば対象化してみた場合、不可避性としてしかみえないことが大事ということを、きみは、たしかどこかで言っていたと思う。

だけど、主体の問題として受けとめてみると、本当に不可避性であったか可避性であったかということは、かなり分からない問題じゃないか。じっさいはアヴォイダブルなものであっても、イネヴィタブルなものだというふうに説明することはざらにあることですよ。

吉本　ええ。

鮎川　そういう場合に、完全にたとえばアヴォイダブルであるにもかかわらず、イネヴィタブルだときめつけることは、一種の責任回避になる……だから不可避性をあまり強調しちゃうと、本当はアヴォイダブルなものを、そっちのほうへ引っ張ってっちゃう、という気がするんだけどね。それは確かに他力ということをいうためには非常に都合がいいかもしれないけれども、日常を生きていくうえでは、ちょっとまずいんじゃないかなって気が、ぼくはする。一般性で考えて不可避と認識されても、生きるのはディテールなんだから……どうも、それをうまく述べるのは難しいんで、感じで言っちゃうんだけどね。

思想の逆説

吉本　「善人なをもて往生を遂ぐ、いはんや悪人をや」という言葉があるでしょ。どこかで耳に入ってるという場合に、ぼくなんかは直観的には、これは逆説的なんだ、パラドキシカルな言い方で真実を言おうとしているんだという意味合いにとりますね。それからもうひとつは文学だってそうなんだと思うんですが、その社会に通用してる善悪というのは納得しがたいものがあるから、もっと拡張した善の概念も悪の概念もあっていいじゃないかという実感によく愬《うった》えてきてなかなかこれは凄え言葉じゃねえかと直観的に思いますね。そういう受けとり方はよくよく具体的にこの言葉が出てきた場面を考えてみると正確ではなく、善人というのはすこしでもいいことを積み重ねると、いい報いを受けるみたいなことを思いやすいから、そうすると、それは他力の趣旨に背くんだ、悪人というのは自分で善をすこしずつ重ねれば、いいことがあるなんて思いっこないから、絶対他力本願のほうに近づきやすいんだと言ってるので、そうなると、それほど突飛な言葉でも、文学的にいって素晴しい言葉でもないことになってしまいます。その言葉、その思想は受けとる側が、その出てきた状況をぜんぜん考えないで、その言葉だけを自由に受けとってしまうということがありうるわけで、ぼくはありえてもいいんじゃないかと感ずるのです。そうすると親鸞は具体的なことを言おうとしてることに本意があったにしても、親鸞自身も気がついていないところでは、相当凄いこと言っちゃったな、というものじゃないのかなと思うのですけれどね。『浄土三部経』といわれているものがありますね。『三部経』をみても、この言葉はどうも親鸞がはじめて言ったような気がするんです。親鸞には善人であろうが悪人であろうが、善を積もうが悪を積もうが、阿弥陀仏ってものはぜんぜん関係なく、全部平等に浄土へ摂取しちゃうんだ、そのことは絶対疑いないんだ、ということが基本線にありますが、ぼくの感じでは、これは親鸞の独特な理解のしかただっていう気がするんです。ですから親鸞の教義がはじめてそういうことをいったように思います。『三部経』のなかの趣旨も、法然なんかでも、そんなことといったって、悪いことするやつよりはいいことするやつのほうが、そりゃいいに決まってんだよ、ということは暗黙に前提してるような気がする。だけども親鸞のところへきて、いや、そんなものぜんぜん関係ない、絶対に摂取されちゃうんだ、絶対浄土へ往けるんだ、というふうにしてしまったために、実際問題としては、そんなら悪いことしたってなにをしたって、全然おんなじじゃないですか、っていう考え方と、もうひとつは、それなら悪業をしたほうが浄土へ往く早道っていうんだから、悪業したっていいってことになるんじゃないか、という考え方が出てきたと思います。もともと、親鸞が善を積もうが悪を積もうが、そんなことは救済にとっては関係ないことだよ、といったときには、その矛盾が親鸞自身のなかにもあったんじゃないかな、それを弟子たちがあからさまにそれぞれ言いだしちゃったということなんじゃないかな、という気がします。平等に摂取されるというところに矛盾があったんじゃないでしょうか。だから親鸞は理想主義者というんでしょうか、具体的に、弟子たちとか教団が、どういう意志で動くかとか、そんなにきれいに動くもんじゃないよとか、そういうことはあまり考えなかったから、親鸞の教団は出来ると同時に分裂しています。それはもともと親鸞自身に矛盾があったからなんじゃないかと思います。

個人の倫理と集団の倫理

鮎川　キリスト教でいうと、一種の無教会主義みたいなのに近い感じするでしょう。

吉本　ええ、近い気がしますね。キリスト教になにか似ているようで、分りやすい気がするんですけどね。つまりわりに内面的でしょう。

鮎川　そうね。

吉本　さっき鮎川さんのいわれた善悪の問題ね。一方では大きな広場へ持っていくし、一方では絶対的な善悪というものを想定して、人間の行う善悪というのは局所的なものなんだというような、そういうところへもってった、これは宗教的だっていうふうに鮎川さんが言われた、その問題なんですけどね。仏教からすれば善悪の問題から入っていくのは邪道なんじゃないかと思います。むしろ道元みたいに、いかに悟るかとか、いかに生死を超越するかとか、そのためには坐禅をしてというようにね、それのほうが仏教としてはもうオーソドックスな気がするんです。

鮎川　そうでしょうね。

吉本　善か悪かみたいなところからいくっていうのは、親鸞としては殆ど、もう仏教という枠は、どうでもいいということはないんでしょうけども、まあ枠は枠として置いといて、具体的な善悪のところからいこうとか、救済と善悪の問題、善行悪行の問題はどうなんだとか、もう具体的なところからいこうと考えたように思います。親鸞は仏教というものからいうといちばん遠いところから始めたみたいですね。

鮎川　そうね、一種の実存主義者みたいなところもあるからね。

吉本　ありますよね。

鮎川　だから、そういう手近なところからいったってことなんだろうと思うけどね。善悪っていうのは、逆転することがあるよね。近ごろでいえば、体制が変れば善悪も逆転しちゃうんだと、いわゆる革命家は殆どみなそう思ってるし。だから、そういう善悪を逆転させるということ自体は、そういう宗教——仏教という次元のなかでいえば、親鸞はそれを意識革命としてやった、ということもいえるかもしれないと思うんだけどね。だけど、そういう体制が変った場合とか、あるいはそのほかいろんな場合の考慮を取っ払って考えても、いわば善悪にはごく原初的な区別があると思う。たとえば人と約束して、それをすぐに破ったらいけないとかいうことは体制とはなんの関係もなくて、人と人とのつきあいのなかであるわけでしょう、それはごく些細な例だけどね。もっと大きなことをいえば、無意味に人を殺しちゃいけないとか、いろいろあるわけですよ。そういう原初的な善悪の区別は、人間に意識がある限り、もうずっと以前からあったと思う。そうでしょう。

吉本　はい。

鮎川　どんな時代でも、それこそ縄文時代であろうが、あるいは中世であろうが、現代であろうが、そういうものは変らないんじゃないかって気がするんですよ。そうすると、もうどんな人でもそれに縛られてる。そういう意味でいえば、なにか善悪を逆転させる……じっさいは逆転じゃなくて、一時代の善悪という固定観念を超越しただけなんだろうけれど、いちおうそういうふうに受けとられる言葉っていうのは、やっぱりいろんな間違いも生むんじゃないかって気はするんだよね、どうしても。

吉本　そうですね。革命家でもマルクス主義者でもいいし、そうじゃなくて、あらゆる政治的な権力といってもいいし、また集団はすでに権力と考えればあらゆる集団でもいいですが、あらゆる集団あるいは権力というものは、その理念がなにを目指しているか、なんであるかにかかわらず、内部のものをみんなやくざ者にする作用があるとマルクスは言ってています。やくざ者にしちゃうってことの意味は、マルクス主義であろうとファシズムであろうと、あるいは資本主義の株式会社の組織であろうと、ぼくは同じような気がします。全部なかに入れると、防御装置を持っていなければやくざ者にしちゃう設備だと思います。つまり共同性というものは、だまってれば必ず、そのなかの個人をやくざ者に、駄目にしちゃうものだというふうにぼくには思えますね。そのことにおいては集団が利潤を目指す集団であろうと、あるいは革命を目指す集団であろうと、ファシズムを目指す集団であろうと、全部変りはないと思います。そうすると個人の倫理としての善悪というものと、そういう集団の問題とは、またべつのチェックを考えないと駄目なんじゃないかなと思いますね。晩年にマルクスやエンゲルスが、自分たちの理念で創始したみたいな労働者組織から追い払われちゃって孤立したときに、党というものは、内部のものをみんなやくざ者にしちゃう設備だって言い方をしています。だから、ぼくはそう思いたいわけですけど、理念ってのは理念なんで、それを原則として持っている集団性というものが、どうふるまうかということと、その理念というのは、一致しないのがふつうなんじゃないか。だから確かに鮎川さんのおっしゃるように、人との約束を破るのはよくないじゃないかとか、それから人は人を愛さねばならないとか、人には親切でなければならないとか、それは不変の善悪の倫理であるというふうに考えてもいいと思います。ただ問題は、集団性のなかで、それがどういうふうに揉みくちゃにされるとか、ある時代はそういう倫理をどういうようなものとして出現させてしまうとか、なんかそういうことは、またひとつ別個の問題として出てきてしまうということじゃないのかと思います。親鸞の場合も、もう理念として、「善人なをもて往生を遂ぐ、いはんや悪人をや」ということで、もういいっていう感じなんですけども、具体的にはさまざまなことをやっちゃうやつとか、とてつもないほうへ走って行っちゃうやつとかって、すごい目茶目茶になってますね。親鸞が京都へ帰っちゃったら、もうあとは四分五裂っていう感じになってますね。

鮎川　そりゃそうだな。確かにそういう個人の倫理と共同制の倫理とは、だいぶ違うからなあ。

僧侶集団の生活

鮎川　それで、きみの本を読んでいてひとつ感じたことなんだけど、やっぱり僧侶集団というもののその当時の生活ってのがあんまりよく分らないんですよ。たとえばあんな大きなお寺が建ったり、食うのでも、お布施をもらったり、そういうことは分るけど、それだけで充分食えたってのも、なんかはっきり納得できない。それから、たとえば随分あっちこっち行ってるでしょう。よく安全に、時代状況も悪ければ社会状況も悪いような環境にいて、よく安全にさ、盗賊にも襲われず、あっちこっち結構行ってね、現代人からみれば、かなり高級な議論をやってるわけですよ、どっちかっていうと非常に観念的な議論をやっている。それだけの余裕を支えた生活の基盤みたいなのが、あんまりよく分らないでしょ。

吉本　なるほど。

鮎川　たとえば伝記みたいなことを調べてみても、これは確かだってものは、非常に少ないでしょう。いま、たとえば丹羽文雄だって親鸞の小説を書いたし、いろんな人が親鸞の伝記を作ったりするだろうけども、どこまでそれが本当かってのは、どうもね、残ってるものから判断する限りは、あんまりはっきりしないんじゃない。だから殆ど想像力の産物といっていいような形になるでしょう。

吉本　親鸞の書簡があります。その書簡のなかで、一通か二通だと思うんですけど、いろんなことをいっているなかに、お金を何貫かなんか送ってくれて、お礼をいう、それは納めさせてもらいますみたいなふうなところがあったり、なにか物をもらったみたいなことがあったりして、結局今のことばでいう、弟子たちとか信者のカンパで食べていたんじゃないでしょうか。そのカンパの額だって、ふつうの農民とか漁民のは、まあ高が知れてる。どの教祖もそうですけども、地方の豪族みたいな人とか、名主みたいな人ですね。そういう人たちがひとり帰依しちゃうと、住む場所を提供しましょう、食料を提供しましょう、お金を提供しましょう、そういうふうになってそれで食べていたと思いますね。親鸞なんかは手紙でみる限り、それで食べていたと思います。だから四、五十人の家来がいるような武士の豪族みたいなのがひとり帰依すると、そういう人たちがいろんな世話を焼いてくれるみたいなことでやってると思います。それから親鸞自身はお寺とか仏像とか経文とかはいらない、せいぜいふつうの家で、つまり少し広間があるところに集まってきて念仏したりなんかすればいいっていってますね。ですから、お寺を建てちゃったってのは、まったく親鸞の思想に反する、二代目か三代目のやつから始まったことじゃないか。親鸞自身の理念のなかではぜんぜん寺院とか仏像とかは認めないということだと思います。せいぜい道場というのか、ふつうの家に広間をつくっておいて、そこに時どき集まって念仏でもすればいい。宗教じみたところが必要だとすれば、掛軸のこういうところに南無阿弥陀仏みたいなことを書いたのであればいい、それぐらいが精一杯で、あとはなんにもいらないという考え方だったと思います。日蓮でもそうじゃないですか。豪族の階級とか村落の名主みたいな階級の人たちが帰依しちゃうと、旅行する場合でも、そういう人たちをたどって行く、どうもそういうふうになってるみたいですね。ぼくは、政治運動はしたことがないから分らないんだけど、政治運動みたいのやってるやつにいわせると、運動して動いてるときには金はどっかから入ってくるもんだっていいますね。それは集団性でいちばん面白いことのような気がします。宗教のひとつの矛盾は、親鸞の場合でもそうですけども、理念がどうであれ、帰依する人間は、それを善だと思っていることじゃないでしょうか。

鮎川　そうですね。

吉本　こういう親鸞のいってることは善だとか、宗教を信ずることは善だと思っていてね。それで、もちろん随分弾圧もされているわけですけど、しかし一方でいうとかなり有力な豪族が帰依していますね。これは、反体制運動というのもそのように思います。反体制運動っていうんだから、大金持とか相当社会的地位のある人は、これに資金を提供したり宿を提供したり、そんなことしないかと思うと、そうじゃないとこがあります。

鮎川　やっぱり精神的な柱というか、そういうものとして求めていたってことなんだろうけどね。

吉本　そうなんでしょうね。

親鸞の現代性

鮎川　そう考えると、そういう不正とか悪とかがやたらに跋扈する時代は、ちょっと考えると、それに馴れちゃえば、それがこの世の法則だと思うはずなのよね、理屈のうえからいうと。そういうものしか見てない人間は、なんかそれが法則だから、むしろそういう事実に直面しても驚かなくなる、というふうになるかと思うと、そうじゃない。逆なんだよね、かえってそういう時代のほうが正義とか善とかっていうものをどっかで求める気持が、非常に強くなっちゃうということもあるかと思うんだけどね。そういうふうにいえば親鸞の「善人なをもて往生を遂ぐ、いはんや悪人をや」という逆説は、非常に情況的にいいタイミングといっちゃおかしいけど、ピタッとくるところがあったと思うんです。

吉本　ええ、そうだと思います。

鮎川　そういうふうに言い切ってくれるということは、悪人を疎外してもはやどんな宗教的な基盤も成り立たないという情況を示すと同時に、なんかそこに、それこそ善というものを根本から考え直す機縁を孕んでいるというか、そういうものを感ずるんじゃないかと思うんだ。そこまで言い切れないっていうか、みんなある程度自己欺瞞を避けられない時代に、そういうことを言うってことは、やっぱり非常に人を惹きつけたにちがいないと思う。強いていえば、その言葉は悪人にいってるわけじゃない、もちろん万人にいってるんだけど、どっかで善を求めてる人間がやっぱり耳を傾けてるんですね。そういう意味でいったら、それは念仏を唱えて、善行を積んでる人でも、こういうふうに考えなきゃいかんぞと。心構えとしてさ、おまえ、それで満足しちゃいかんぞと、そういう戒めもあると思う。

吉本　ええ。

鮎川　それは仏の本願力というものを非常な、大したもんだと思わせると同時に、善人の信者もその言葉をよくよく考えることによって、自分の善ってものを、少なくとも誇らなくなると思うんだな。だからそういう面でも絶大な効果を持ったとは思うんだ。

吉本　たしかにそうですね。親鸞は好きですし、この人は偉い人なんじゃないかという気はするんです。それは修行していくと悟りを開けるのだなんてことを、自分自身が信じてないということがあるでしょう。自分が信じられないならば、ほかの人も信じられないに違いないというところから始めてるところがあるでしょう。そのときの風潮をピタッと押えて、そこから考えを進めてるとこがあるでしょう。それはやっぱり重要なんじゃないか、この人の優秀なとこなんじゃないかな、という気がするんですね。はじめから、もう仏教というのは命題としていえばこう悟りを開いて生死の感じを超越するんだというのはだいたい分ってるわけでしょう。しかし、こんなものは信じられやしないよというふうに、実感的に自分もなっちゃってるし、人もなっちゃってる。そこからどうするんだっていうことを始めてるところがいいんじゃないでしょうか。言葉は仏教の用語を使ってますけども、これはおおきな射程があるんじゃないかなと思います。

鮎川　そうね、非常にモダンだね。

吉本　モダンですよね。

鮎川　俗な言葉でいえば、おそらく仏教とあんまり関係ない人にも結構うけるっていうのは、やっぱりそういうところだと思う。そういう意味でいったら、ほかの人と違うんじゃないかって気がするね。

吉本　思いますね。ぼくは道元とか日蓮と比べると、この人は言葉こそ仏教の言葉を使ってますけど、この人の使ってる仏教の言葉は、当時の、今でいえばヒューマニズムと同じみたいなもので、人間は人間的でなくちゃいけないよみたいな、そういうのと同じような風潮としてね、なんとなく現世は苦しい、浄土はいいとこだみたいなね、それは風潮としてあるから、風潮の言葉以上の意味合いはないいんじゃないか。殆ど、風潮の意味合い以上の仏教用語は使ってなくて、それで何事も信じがたいという、そういうところから始めてるみたいな気がします。仏教徒とか信者とか以外の人が読んでも通用するような、拡がりというか、射程っていうのを持ってると思うんです。これだけの射程を持ってる人は、日本の歴史のなかで、あんまりいないんじゃないかなっていう気がします。

親鸞とキリスト教

鮎川　そうだね、そりゃそう思う。だから、ちょっと滑稽な連想かもしれないけれど、きみがさ……きみがじゃなくて親鸞なんだろうけど、不可避性ということを強調してるとこなんか読んでると、なるほど、言ってることは仏教の言葉でいってるんだけども、やっぱりちょっとマルクスにも似てるなっていう感じさえする。

吉本　似てる気がしますね。

鮎川　特に不可避性ってものを論理の基本にしてるってことは、きみの思想を媒介にして考えたせいかもしれないけど、なんか似てるような気がする。

吉本　それから比喩のとり方とか例のとり方みたいのでも、聖書とものすごくよく似てる気がする、キリスト教的な概念と似てるような気がしてしようがないです。
鮎川　ああ似てるとこあるね。
吉本　やっぱり『歎異抄』のなかでも、おまえはおれの言うことなら何でも聞くかみたいなことをいうところがあるでしょう。何でも聞くっていうと、千人殺してみろ。それは自分にはできない。それみたことか、そういうものなんだ、殺す機縁がなきゃひとりだって殺せないんだし、殺す機縁があれば、殺したくないと思っても殺しちゃうんだ、という説も、もっていく場所は違いますけども、聖書の、鶏が三度鳴く前にわたしを否むだろうみたいなことをいう言い方と、よく似ています。なんかそういう普遍性みたいのがあるように思いますけどね。
鮎川　そうだよ。善人より悪人を贔屓してるようなとこだって、似たような比喩が聖書のなかにあるものね。
吉本　ありますよね。
鮎川　ほら旧約かなんかで、ドラ息子が帰ってきたら、父親がそっちのほうを歓迎して、善人の息子が不服をいうようなところがあるでしょう。だから、それは確かにそういうものかもしれないな。少なくとも大きなものってのは、それだけの包容力があると思うよ。相手が悪人だからって差別するようじゃ、もう駄目なわけでね。それに、悪人じゃなくても悪人と思ってる人間もいれば、じっさい悪を行ってても自分でそう思ってないやつだっているんだしね。そんなものは外からそっくり見えるもんじゃありゃしないんだから、もともと。

吉本　それから、もうひとつ『歎異抄』で感嘆するのは、親鸞という人は、老人になって七十いくつとかになっても、境地っていう概念がないんですよ。

鮎川　涅槃か。

吉本　涅槃ですよね、涅槃にどれだけ近づいているかとか、どれだけ高い境地にあるかとか、そういうのがないように思うんです。そこが、ちょっと日本人離れしてるんじゃないかなって気がするんですけどね。この人の七十何歳かで書いた、南無なんとか仏っていう、そういう字を見ても、ちっともいわゆる枯れたうまい字じゃない。

鮎川　空海みたいな字じゃない。

吉本　じゃない、枯れてないんですね。別段毒々しいわけじゃないけども、はじめからつまり境地という概念、心境というんでしょうか、心境が悟りに近いとか、こうしたらもっと近いとかっていう、その概念自身がないような気がする。そういうところもちょっと日本人離れしてるんじゃないか。日本の思想家というのは大抵そうじゃないですからね。

鮎川　まあ、気どったところがあるよな。気どったというか、高級になっちゃうというか。

吉本　晩年になれば、やっぱりそうなりますよね。高い境地というような概念を求める。それがないような気がするんですけどね。

鮎川　せいぜい最後は自然だよね。あれがきみにはいちばん気に入ったんじゃないかと思ったけどな。

吉本　そうです、自然なんですね。

鮎川　それ以上にはいかない。あれが強いていえば境地なのかもしれない。

吉本　そうなんでしょうね。親鸞だって善悪の問題だけいってたら仏教にならなくなるんだと思うんです。だから、どうしても自然なことを最後にはいわないと、仏教らしくないってことが自分のなかでもひっかかってて、結局自分が仏教を信じてるみたいなことと、つまり、昔取った杵柄で、仏教はこうだっていう仏教はたくさん勉強したわけだから、若いときに。そのことと善悪の問題とか、そういう現実にピタッとするところから、信、不信だとか他力、自力だとか、そういうところから出発した自分というものを、なんとかうまく矛盾なく接合しないと、仏教でなくなっちゃいますから、そこのところは親鸞も、気にはなってたんじゃないかと思います。それをはずしてしまうと、仏教でなくてもいいみたいなことになってしまいますから。

死と救済

鮎川　煩悩っていうのをわりあい強調してるよね。

吉本　してますね。平安朝の末から中世にかけてなんでしょうけども、みんな死ぬことばかり考えてるみたいな気がするでしょう、一般の人もなんとなく浄土みたいなものに憧れを持ったり。どういう時代だったんだということが、本当はよく分らないとこがある。そんなに人間というものは死ぬことなんか気にして生きていると思えないんですけどね。まあ、ある一定の年齢になってきてとか、あるいは青年期に入るとか、そういうときには死っていうのが切実になったりするけれども、そのほかはべつに、そんなことはあまり考えて生きてるわけじゃないような気がするんだけどね。この人たちの説くところをみてると、全部それが浄土に憧れちゃうみたいな、そういう風潮のように思えるんですけどね。

鮎川　それは、昔は平均寿命も短いしさ、赤ん坊とか子供でもどんどんいろんなことで死んじゃうでしょう。もう日常生活のなかで絶えず人の死に出会っているということがあったと思うんだね。今は死はめったになくて病気ばかりが非常に長い。ロングランで病気やってるけどさ、みんな。昔はちょっとした何かが起こっても、すぐ戦争で死んだり。

吉本　それから疫病とかね。

鮎川　疫病だって殆どまったく無抵抗だよね。衛生状態も悪かったろうし、そういう意味でいうと、かなり死ってものは日常化してきたってこともあるんじゃないか。今ぼくらは、年柄年中、死のことを考えていちゃおかしいと思うけど、昔の人は当り前だったんじゃないかね。少くとも江戸時代まではぼくはそうだったと思う。刑罰だって重かったしね、首なんかすぐチョン切られちゃう、ちょっとした不注意でさ。

吉本　そうなんだなあ。

鮎川　それだけやっぱり、そういう死生観というものにとっては、死にぎわのイメージってものがひとつの決め手になるということがあったんじゃないかと思うね。だから、往生ぎわをわりあい問題にするでしょう。

吉本　そうです。

鮎川　ぼくからいえば、こんなものはしようがないことじゃないかって、はじめから分ってるわけよ。苦しい病気で死ぬか、ポックリ死ぬかなんてことは、当人にとってはただの偶然といっていいんだし、そんなこと大したことだと思わないけど、昔の人にとっちゃ、すごい大変なことだったと思う。かなり悲惨な死に方を見てるわけでしょう。まあどんな死だって悲惨かもしれないけどね。

吉本　浄土宗でも源信みたいなのには、臨終のときに念仏を唱えるのが重要であって、また浄土へ往く有効な手段なんだというのがありますね。法然になると、そんなこと言ったって、どういう死に方するか、死ぬときは苦しいんだから、臨終の時念仏唱えろったって、それはできないかもしれないんだという言い方をしてますね。だから臨終のときに念仏を唱えるっていうのには、それほど重要な意味がない。これが親鸞になると、極端にいうと一回でもいいんだよとかね。一回で本当はいいんだけども、ふだんたくさんやるというのは、仏恩に対して、つまり報恩の意味合いなんだということをいいますね。もう一回でも百回でも何回でも同じなんだ、浄土へみんな往っちゃうんだ、だけれども、そういう機会があればいつでも念仏をするっていうことは全部、浄土へ往けるということに対する報恩としてやるんだみたいな、そういう言い方をしていますね。

鮎川　あの阿弥陀仏っていうのは、なんなの、もとは。

吉本　ぼくもよく分らない、だいたい仏って概念が分んないんですけどね。仏という概念が多種多様なような気がするんです。

鮎川　多神教なの？

吉本　一神教じゃないですね。ですから禅でいう仏っていう概念は自然ですね。山川とか谷とか小鳥とか、そういうのを内面化したものが仏といわれるわけです。だから無生物無機物、人の形をぜんぜんとらない。禅宗ですと、そういう概念になりますね。

鮎川　じゃあアニミズムに近いみたいなものね。

吉本　そうなんですね。それとわりに擬人化して、ふつうは阿弥陀仏という場合には人の形で、イメージでみる。たぶんそういうふうにみられると思うんです。それは仏教の創始者である釈迦が、救済の根本概念だと、根本的な仏だといっているもののひとつなんですね、阿弥陀仏は。だから釈迦が想定した理想の救済者みたいな概念なんです。でもそれは生物というか、人間の形をしたものとしてとったかどうか、釈迦がそういうふうに想定したかどうかはべつになるわけですけども、しかしいちおう人格的にいうと、そういうものなんじゃないか。救済を司るというのは、仏教的概念でいうと、無限の過去世から現在の世の中があってそれからまた未来世、と無限に連鎖していくんだという。その場合に、まず現世というものから、次の世界に行く場合に想定される最高の救済者というのが阿弥陀仏だという概念なんじゃないでしょうか。それは人格的イメージをくっつけて考えるわけですけれども、本当は人格であるかどうかは分らない。唯一者——なにか実体なんでしょうけども、人の形をしているかどうかは、あまりはっきりしてるわけじゃないんじゃないでしょうか。いちおう便宜上は人の形を想定しているけれども、本当は分らない概念ですね。涅槃というようなものと同じ概念ですし、生死を超越したなにかという概念、同じことだと思いますね。それが結局、現世から次の世へ行くときに、もし現世の信仰があるならば、そのときに来世における最高の唯一救済者がやってきて、まさに来世へ行かんとしてる人を摂取してそっちへ送り込むという、概念の唯一者というか、そういうものとして想定されている、阿弥陀仏というのはそうじゃないかと思います。だけど禅宗なんかではぜんぜん人の形をしてないと思います。道元なんかの書いたものを読んでると、内面化された自然というのが仏だという概念になりますね。だから内面化された仏というものを自然の中にみることができるならば、そのときの境地が、仏の境地であるという、そういう概念になります。だから自然を人格化した概念。ところが浄土教になってくると、現世と来世の関係が重要で、人格的なイメージがつけられていて、それが来世へ移行する場合に摂取しにやってくるという感じ方になります。阿弥陀仏というのが最大の救済者で、片方に観音がいて、片方に勢至菩薩がいて、その三位一体でやってきて、浄土あるいは天国でしょうか、それに送り込むという概念で、キリスト教と似ています。そういうことを言いだしたのは、もちろん釈迦だという考え方になります。

鮎川　キリスト教との違いをいうと、ごく通俗的にしかぼくは分らないんだけど、キリスト教だと、たとえば「愛」というのが占めるウエイトがすごく大きいでしょう。だけど仏教では「愛」ってことを殆ど言わないね。まあ煩悩の一種ぐらいにしか思ってなかったのかな。

吉本　そうですね、慈悲ということはいうけれども、愛とはいわないですね。愛っていうのは、わりに現実的にはよくないというか、煩悩のもとだみたいですね。

鮎川　まあ煩悩のもとだと思ってるんだろうな。キリスト教でもエロスの愛とアガペーとかいうのとは区別してますがね、当然。

吉本　だから仏教では、人間的な要素はあまりいいと思われてないですね。

鮎川　そうね。やっぱり現実を厭うってのが基本にあるからなんだろうなあ。そんなものを認めたら話にならないことになる。だけど、たしかに煩悩を断ち切るには仏教は大きな力があると思うけどね。アメリカにギンズバーグという詩人がいますが、彼の最近の仕事なんかを論じた文章を読んでいたら、彼はビートの詩人なんですけど、途中の危機みたいなものを、ブディズム（仏教）で切り抜けたというようなことが出てくるわけ。それを論じてた人はかなり批判して書いているんです。ブディズムで切り抜けた、じゃあどう切り抜けられたかってことなんだけど、それは現実の恐怖とか、不安とか、そのほかもろもろの悪とかを結局コンテインしてしまって凌いだと言っている。コンテインということは、封じ込めということで、つまり仏教的な世界観に包みこんで緩和しちゃうということなのね。

吉本　はい。

鮎川　それに仏教が非常に力があったということをいっている。だけど、それは現実にあるもろもろの悪に対して、実はなんにもしていないのと同じだということを、それを論じてる人は言ってるわけですよ。たしかに当人はブディズムでもって、そういう現実の恐怖から逃れたかもしれないけれど、じっさいはなにもしとらんじゃないか、ということらしいね。これは親鸞とは直接関係はないんだけど、仏教というものの性格というか、そういうものをかなり言い当てているような気がするんだけどね。

吉本　どうなんでしょうかね、アメリカでもヨーロッパでも、個人にかかってくる不安感とか煩わしさとか、そういう要素ってのは厳しいんですかね、日本人なんかに比べて。

鮎川　やっぱり厳しいんじゃないかしら。キリスト教の伝統があってもね。このごろはまあ誰も神なんか信じてないっていうけども。お上にたよる気持をもっていないだけに、西欧の人のほうが、厳しいんじゃないかなと思う。詩人なんかわりあいに仏教の影響受ける人多いですよね。もちろんそれは日本人から考えると変な仏教でさ。ホームメードの仏教なわけですよ。しかし、そういうことを言いだしたら、日本の仏教だって、もとからいえばホームメードの仏教でしょうからね。

吉本　ええそうですよね。

親鸞とマルクス主義

鮎川　それはマルクス主義の場合でも同じだと思う。きみのこの「親鸞論註」を読んでて、ぼくはなにを思い出したかというと、むかし「マルクス」を書いたでしょ。あれととても似た感じがした。なにか、非常に似てるなあって感じがした。浄土真宗ってのはそれ自体一つの大きな派閥で親鸞がどうあれ、れっきとした教団だからね。

吉本　そうですね。

鮎川　そういうものと無関係に親鸞を出してくるでしょ。「マルクス」もそうだったからね。いわゆるマルクス主義とは関係なくとりだしてくるでしょう。現代のマルクス主義がどれだけ駄目になっても、マルクスの本願だけはなんとか救済しなきゃって、そういうものはきみの場合は随分、現在でも支えになってると思うけどね。きみの親鸞を読んでも、やっぱり同じような感じがしたなあ。

吉本　結局、ぼくは親鸞を追究してても、マルクス主義もそうかもしれないですけど、信仰ということが分らない、最後にはそこで引っかかるわけです。信仰ということの心の状態が分らないんですよ。信仰という心の状態を持っているところの親鸞とか、たとえば『歎異抄』の中でも、この言葉は、信仰という心の状態を持ってなきゃ、これはわからないよっていう言葉とか、そこについてはもうまるで駄目なような気がするんです。ぼくは本当は信じてないですもの。つまり善人だって悪人だって阿弥陀仏の本願力によって全部摂取されちゃうっていったって、本当は分らない。つまり分らないから、関心を持つわけだけど、ひとつの絶対的な救済線というのがあって、その救済線を思想が想定するということは分るんです。ある思想がひとつの絶対的な救済線を想定する、その救済線にあらゆるものは包括されてしまうという考え方というのは分るんですけども、実感として、本当にそう思っている人の本当の実感というのは分らない。そこからもう入れないように思うんです、宗教に対してはキリスト教でもそうですね。聖書でも本当に信じてる人がこれを読んだ場合に受けとるもの、それは分らないというふうになりますね。マルクス主義だってそうです。本当に信じてる人にとっては善をしようと悪をしようとみんな摂取されちゃう、マルクス主義に。こういうふうになってるかもしれない構造がある、そのことが分らないですね、本当は。だから信仰の状態ということがひとつの限界であって、その限界の境界スレスレのことは分るし、境界からこちら側のことは分りますけど、向こう側へ入ったときの実感みたいなのは分らないんですね。

鮎川　この書き出しは、そういう書きだしだよね。

吉本　そうなんですね。これはおかしいんですよ。ということはかつてぼくは分ってたような精神状態みたいなときがあったような気がしてしょうがないんです。つまり初期に神みたいなことばをやたらに使った文章を書いてみたりしたときには、なんとなく、そういうのが分ったように思って書いてたような気がするんです。それがいつどこで忘れたのか、それこそ揉みくちゃになったのかなにか分りませんけど、とにかくそれは分んないということはあるんです。だから『歎異抄』でも、親鸞はここまで思想のことばにしちゃってるんだから、おれはもう仏教をやめたっていうふうに……。

鮎川　言えばいいじゃないか。

吉本　ええ、言えばいいじゃないかと、本当にぎりぎりのところ、そういう気がするんです。それなのに阿弥陀仏の本願の絶対力みたいなものがあるんだということを言うでしょ。そこのところで信じられてることは、ぼくは分らないなあという気がしますね。最後に引っかかるのはいつでもそうです。マルクス主義もそうです。つまり愚行じゃないかとか、悪行じゃないかというふうにみえるけれども、主観的に言えば、もう善行でも悪行でも、マルクス主義は全部摂取しちゃうというふうに思ってる人にとっては、いくらそんなことを言ったって、もうなんとも感じないだろうなと、そこのところになると、もうどうしても近づけないっていうか、そこを分ることはできないみたいな気がするんです。

鮎川　それは分んないな。ぼくも本当言うと信仰っていうのは全然、どうにも分らないもののひとつなんです。やっぱり、そこのところはピョンと飛び越えるんじゃないかしらね、なんということなく。そんな難しい理屈はないんじゃないかしら。論理的な説明をしようとしたらそこから先は心理学の領域じゃないかと思う。心理学だって、ちょっと分んないポイントがいくつかあると思うけど、でも、こうじゃないかなというぐらいのところまでは迫れるという感じはする。じっさい、本当に信仰を持っていない人間からいうと、どうにも分らないですよ。

吉本　分らないですね。

鮎川　ただ、ぼくらは周りとか日常生活のなかで、何らかの信仰を持ってる人というのは見てるし、事実つきあいもあるし、そういうものは、自分は分んなくても尊重しなきゃいけないという気はある。だからそうしてるけど、じゃあおまえもと言われたって困っちゃう。分んないものはやっぱり分んないんだし。

親鸞と日蓮

鮎川　日蓮という人は、いわゆる真宗念仏宗というものをだいたい批判したわけでしょう。彼はどういうふうに批判したんですか。
吉本　日蓮は全部批判してますね。
鮎川　うん、禅宗も律宗も全部ね。
吉本　日蓮というのは、いわゆる天台宗の復古主義者というか、つまり法華経を根本聖典とする宗派、それの革新者ということになるんでしょうから、だいたい現世でいながらにして修練を重ねて、なおかつ現世で自分が仏になる、つまり菩薩になるというのが理想なんだということになります。つまり自分の命なんか捨てちゃって人のためにつくすことによって菩薩になれる。法華経の内容はそうですからね。菩薩になるにはどうしたらいいかとか、菩薩になる人のための経典ですからね。だから現世でそれをしなきゃいけない。これは狂気じゃなくて、人のために自分を身を粉にしてそうしちゃうことによって菩薩になれるみたいな、そういうのが根本の考えですから、それからいくと……。

鮎川　じゃあいちばん反対のものですね。

吉本　そうなんですね。つまり言葉だけで、もうあの世で救われちゃう、あの世で悟りを開いちゃう。そんなことは全くのナンセンスだということなんだと思いますね。つまり日蓮の言い方だと、要するに念仏は地獄の宗教ということになります。

鮎川　「無間」ということばを使ってるんだろう。

吉本　そうですね。そこから逃られないものなんだというふうな言い方になるんじゃないでしょうか。それはもう現世では悟りを開いて菩薩になるというのが理想なものだから。

鮎川　じゃあ即身成仏というのに近いわけ。

吉本　そうなんですね。ただ違うことは利他的だということ、つまり捨身的というか、身を捨てても人のために、それこそ善行なんですけど、善行をつくしちゃうことによって、現世で菩薩になるべきだということです。そうしますと禅は天魔であるし、念仏は地獄なんだというふうになりますね。禅だったらなにもしないで坐禅したときの境地が仏の姿だということですからね。親鸞はそれに対しては『歎異抄』のなかで反撥してるわけです。どう反撥しているかというと、浄土宗の考え方は、現世でなにが大切か、信が大切だという言い方をしてますね。信仰というか、信ずることが大切なんだ。現世で悟るなんてことはできるわけないし、そんなことは問題にならないんだ、信仰だけが大切だ。そうすると来世では悟って浄土に往ける。それは現世で信があれば来世では必ず悟りの浄土がある。こういうのが本格的なんだ、というふうに反撥はしてますね。それから地獄々々というけども、地獄こそは棲みかであるというふうな反撥のしかたもしてます。

鮎川　なるほど。

吉本　一定地獄なんだということは、当然のことなんだ。だからもう地獄に堕ちるとか堕ちないとか、浄土へ往くとか、そんなことは、知ったこっちゃない、分らないですよ。とにかく、地獄は一定棲み家なんだということと、現世で悟るのはナンセンスなんだということじゃないでしょうか。だから日蓮はオーソドキシーで、天台宗が結局は宮廷のための宗教みたいになって、宮廷の仏事を司ったり祈禱したり、それから、せいぜい国家を鎮護するために祈るみたいになってるのは嘘であって、身を粉にしても菩薩になるというふうにすべきだというし、一種の復古主義者ですからね、日蓮は菩薩になるべき実践をするわけです。だから対照的なんじゃないでしょうか。親鸞のそれに対する答え方はネガティヴで、偉い人は、つまり悟れると思える人はそうしたらいいじゃないか、だけど自分たち凡夫はできないんだから信以外にないんだ、という言い方だと思います。だから思想家として考えると、日蓮がいちばん面白くないですね。宗教家としてはべつでしょうけど。道元のほうがまだ面白いような気がします。極端ですから。坐禅以外になにもいらない、なんにもしなくていいっていう考えです。結局坐禅の姿とは仏のすわってる姿なんだから、これでいいんだっていう考えですから。それだと、仏陀の内面性は全部分っちゃう、それでいいんだっていう考えですから。それだけ徹底的に言いますから面白いと思います。親鸞はまた逆の意味で徹頭徹尾、自分の信仰もあまり信じられないみたいな、そういうところからいくから、これは思想的にはいちばん面白い、いちばんさまざまな問題を持っているという気がしますけどね。

だからヨーロッパ人やアメリカ人には親鸞がいちばん分りやすいんじゃないかと思います。

鮎川　だけど禅宗が多いね。というのは紹介されたのが鈴木大拙とかでしょう。本当は、親鸞のほうが分りいいでしょうね。

真宗の論理

吉本　そう思いますけどね。ぼくが知ってるのではバルトが親鸞のことを言ってる。それから真宗のことはマックス・ウェーバーが、アジアの宗教を論じたところで言ってるんですけど、ウェーバーの取りあげ方ではなにに関心を持ってるかというと、在家主義ということが重要なんですね。つまり宗教社会学者ですから。親鸞の宗教というのは出家主義じゃなくて在家主義といいますか、ふつうの生活をしてる人に対する宗教であって、僧侶自体も俗人であり、親鸞の言い方でいうと、僧でもなければ俗でもない、非僧非俗ということですね。そのことが面白いという言い方をしています。ウェーバーなんかは、そういうところがいちばん関心が深かったんでしょうし、バルトなんかは無教会宗教みたいなところで似てると考えたんだと思います。

鮎川　わりあいに近い時代まで、真宗というのはそういうところがあった。うちの田舎というのは岐阜と福井の県境の山奥の村ですが、全部といっていいくらい真宗の門徒が多い。それで宗旨はいろんなところに浸透してるわけですよ。村にも道場と称するものがあって、そういうものが、ぼくは自分があまり関心がなかったから、どういう歴史を辿って来たかということも知らないんだけどね。ただ聞いてみると道場の坊主は村から出るわけです。一応うちの村だったら、郡上八幡に安養寺って寺がある。その出張所みたいなものじゃないかと勝手な想像をしているんだけど、殆ど村で独占しちゃって寄合場所になっているわけですよ。だから、たとえば戦争で敗けた時なんかみんなに召集かけて、こうなったからには、どういう覚悟がいるかというようなことを、道場坊主が説くとかね。だから真宗だって教団として考えてみると、かなり過激な直接的な指導力があるわけでしょう。

吉本　あります。

鮎川　たとえば昔の一向一揆とかをみても、ちょっとほかの宗旨にないような過激なことをやるじゃない。そういう意味では体制べったりでなにかするという宗教じゃなくて、自分たちだけの力で膨れあがっていくところがある。まず最初は農民からいくわけね。農民をコントロールするためには小地主なんかも同じ門徒にならなきゃ具合が悪い。すると、さらにその上のやつでも、やっぱり自分も真宗の門徒にならなきゃ、みんなと話ができないということがあるでしょう。そうすると、そのコミュニケーションの媒体としての役割からしてじわじわと教団中心に発展するところがあるね。教団が時の大きな権力と結びついてなにかやるというんじゃない。むしろ禅宗とか、法華とかのほうが、わりあい権力と直通するわけでしょう。直通するどころか、それ自体が一種の増殖力を持っていて、やがては大きな権力と対立して宗教王国みたいなものをつくろうとするようなところが、どこかで出てくるんだね。

吉本　あるんですね、それは。

鮎川　だから一向一揆なんて、ずんぶん長い間つづいたでしょう。一世紀以上つづいている。あれはやっぱり下から固めていくやり方だよね。

吉本　そうですね。かりに上のほうはどうかなっても下のほうはまだ固まってるって感じですね。それから東北のほうもそうだと思います。隠れ切支丹と隠れ真宗は、どちらでも相互転換できるみたいなところがあります。ぼくの郷里は熊本県の天草なんだけども、さまざまな言い方をする人があって、本当は分りませんけど、切支丹が弾圧されて、そのときに、真宗に宗旨がえするなら許すといわれて、真宗がいちばん多くなったんだ、という郷土史家みたいな人もいますね。あそこも切支丹よりも真宗のほうが多いんです。わりに強固です。ぜんぜん理屈はないんですけど。うちのおやじは駄目だったんですが、祖父母というのはやたらに念仏唱えて、死んだら浄土へ往くと、絶対信じてましたね。子供のときに、そういうことばっかり言いましたもの。だから相当強固なものだったんですね。

鮎川　そうか。切支丹と真宗とは、インターチェンジャブルなところがあるかもしれないな。

吉本　そうなんです。あるような気がします。

鮎川　結局心の問題に非常に密着していたってことだね。それだけの問題だったというかなあ。

吉本　そうなんでしょうね。だから村でも真宗の道場なんかあると、そこへなにかというと寄ってきてあれはいいとか、あれはなぜ悪いとかやって、決めていくみたいなところがあったんじゃないでしょうかね。

親鸞と善鸞

吉本　親鸞の息子はどうなったのかわからないんですが、東北のほうは親鸞の息子の系統が多いんじゃないでしょうか。向こうのほうへ追放されたというか、教団から義絶されて東北のほうへ行ったんじゃないでしょうか。

鮎川　その人の言ったこととかは、あんまり遺ってないわけでしょ。

吉本　遺ってないですね。潰したというか、消したんじゃないでしょうか。

鮎川　異端だというんで、結局抹殺されちゃったのかな。ぼくはきみの本で読んだだけども、善鸞というのが完全な嘘を言ったのかどうかは、ちょっと分らないんじゃない。というのはね、一緒にいる親子だと、つい喋るってこともあるよ。

吉本　ぼくもそう思う、そこがいちばん興味深いですよね。

鮎川　とりようによってはこう言ったとか、そういうのがだんだん自分のなかで醱酵して発展しちゃうってこともあると思う。

吉本　ぼくもそこはいちばん面白いところだと思います。だから親鸞もあとになってそんなばかなことを言ったことはないというけれども、プライベートな話としては相手が息子だからいろいろ言って、息子はそれを多少意識的に、親鸞はこういうことを言ったみたいに言うと、そこで、プライベートに言ったことが公的な見解になってしまった、みたいなことはあると思います。

鮎川　そういう誤解が随分あると思うね。必ずそういうことは起こるもの。ぼくらの日常生活でもしょっちゅう起ってる。まして親子じゃそういうくいちがいを孕む要素が絶対あったと思う。なんか一方的に悪人にされたという感じがちょっとする。

吉本　親鸞はぜんぜん言った憶えはないというけど、それに近いことはプライベートには喋ったことがあるんじゃないか。そう考えるのがいちばん妥当な気がします。

鮎川　親鸞という人は、ちょっとそういう感じがする。空海みたいな人だったら、そんなことは言わないだろうと思うけどね。親鸞なんかなに言ってるか分らない。

吉本　そうですね。親鸞の思想というのはそのような気がします。ごく些細なことについていろんなことを考えて、いろんなことを言っていると思います。善鸞のほうの系統だと思うんですが、一種の入信の儀式があるんですね。秘事法門っていうんだけど、入信者がいますと、心理学的なんですね。ふつうの家の、蔵のように外から遮断できるようなところで、坊さんと、入信するという人と、二人だけで籠もるんです。一晩中寝ないで念仏を唱えたりする。要するに肉体的にクタクタにするわけですね。それで朦朧状態になってもなお念仏を唱えている。その朦朧状態の果てに、幻覚で阿弥陀如来の像が見えれば、もうこれでおまえは入信したということでそれが見えるまでやるんです。すると、今まで気ちがいみたいに念仏唱えていた人が憑きものが落ちたみたいになります。そうすると、おまえは入信したといわれるわけです。漠然となにか儀式をやるんだというふうにいわれても、なかなかわからないんですけど、江戸時代にそういう記録があったりしてわかります。入信の一種のしるしとしてその儀式だけはやるというのは善鸞系統の秘事法門といわれているものなんです。それとそっくりそのままかどうかは別として、そういう、ある入信のしるしが必要だという考え方だとされてるんですね。

鮎川　だけど、それは善鸞が自分の父親から教わったものを儀式化したのかもしれない。

吉本　そうなんです、自分もそうされたということですね。

鮎川　親鸞だって機嫌のいいときは、それに近いようなことをやったかもしれないしね。それは分らない。やっぱりいい坊主になってもらいたいと思っていたろうし、少くともほかの弟子たちに言うことと自分の子供に言うこととが微妙に違っても、ちっとも不思議はないしね。それを善鸞が特別に重大なことと考えたということも、十分ありうるね。

吉本　ありますね。それはリアルにそう思いますね。だから親鸞だって子供とそういうふうに話しているときに、阿弥陀仏の救済をのべた第十八願なんて、大したことないんだよ、と言ったかもしれない。それが公に、おやじがそう言ったということになってくると、もうどうしようもない。

鮎川　また子供だからといって、おやじの言うことを本当に理解しているとは言えない。

吉本　そうですね。

鮎川　いま言ったことの逆になるけれどもさ、聞いたことを理解する力がほかの人よりすぐれてたかどうかも疑問だし、全く曲解しかしない子供だっているからね。

吉本　分ってても曲解する子供もいます。そこは親鸞はちょっと悲惨ですね。つまり親が共産党だから子供も共産党でなくちゃならないはずはないと思うんですけどね

（笑）。それをなんか、子供もそう、奥さんもそうという感じでしょう。

鮎川　だけど、親鸞てのは偉いんだから、人それぞれでその権威によりかかろうとするのはやっぱりしょうがないでしょうね、みんな見ているわけだから。子供は何人いたの。

吉本　あと女の子があり、二人か三人いたんじゃないでしょうか。女の子も尼さんですよ、真宗です。娘の尼さんが、親鸞が死んでから本願寺の元みたいなのをつくったといわれてますね。ただ実際にこれだけの人が関東にいて、人を集めて説教したら、すごい説得力だと思います。

鮎川　伝道の主たる武器は結局そういうことでしょう。今みたいに、テレビで説教するわけじゃないんだから。だけど、そういうのは案外伝わるもんだね。あんな交通不便な時代に、書簡一通で情勢を左右できるなんて、ちょっと不思議なくらいだね。書簡だってすぐ着くわけじゃないのに。

吉本　ないはずですよね。……親鸞は即応できるでしょう。たとえば、念仏を唱えてもちっともうれしい気持にもならないし、急いで浄土へ往く気持にもならないけど、それはどうしたことだなんてフッといわれて、やっぱりそれに対して即応しますものね。

鮎川　非常にそれがうまいね。

吉本　おれだってそうだ、っていうふうなところから始めますね。まあ並の思想家だったら、おれはそう思わないというところなんだけど、おれもそうだって言っちゃうわけですからね。相当凄いんじゃないでしょうか。

鮎川　いま考えられるような、そういういろんな疑念にあらかたもう答えちゃっているのは、ちょっと凄いね。

吉本　凄いと思いますね。

鮎川　やっぱり最初に答える人は大変だよ。

吉本　思想に射程があるとすれば、もうそれ以外にないわけですからね。

不可避性について

鮎川　不可避性ということについてもう少しいうと、まあこの論でもそうだけど、ほかの論でも、ぼくはいつも思うんだけどね。たしかこの前、やっぱり『現代思想』でやった対談のときかな。あのときも、意志が問題になると、なんか意志というものの働きを小さく見做しちゃう。この親鸞論もそうなんだけどさ。さっきもいったけど、やっぱり不可避であるか可避であるかってことは、本当は分んないという気が、すごくするわけですよ。確かに不可避にみえるよ。たとえば大東亜戦争は不可避にみえます。どう考えてもね。可避だってことはなんか現実を知らないやつの言ってることじゃないかと思うかもしれない。だけど、そうすると既成事実は殆ど宿命論になってくるわけ。宿命論になってくるし、事実、宿縁とか宿業とかってことを、まあ親鸞も言ってるし、確かにそう思えるし、論理的にもそうなんだけど、ぼくはやっぱり妙だけどさ、自分が生きてしまったということを取り上げてもね——自分が生きてしまったということは不可避なんです、自分で考えても外から見ても不可避かもしれない——だけどね、なんか生きなかったところにも、やっぱり自分のライフがあったような気もするわけ。妙だけどね、そういうこと言うのは。もちろん意志を全部否定してるわけじゃなくて、少しは選択の可能性が認められているといった場合でも、そのちょっぴりというね……だけど、ぼくは案外そのちょっぴりが大事じゃないかという気がする。意志の力を不可避なものに対して極力ミニマイズしても、そうすればするほど、ほんのちょっとした些細なことが後のちの重大事になるってことだってあるでしょ、じっさい。たとえば、近松の芝居なんかみてると、ほんのちょっとした選択の錯誤というかな、ほんのちょっとした意志表示から、あとの大きな事件になっちゃうし、それこそ殆ど不可避的になっちゃうわけ。だから意志でやれることは取るに足らないと、必ずしも言えるかどうかってことなんだね。どんな小さくたって、それが意志である限り、それこそ不可避的に重大事を引き起す力も持っているんじゃないかということも、言えるんじゃないか。たしかに個人の意志なんて全体を支配している法則にくらべたら大したことはないと思う。でも大したことなくても、それが重大な結果を招くということはいくらでもある。いや、だから近松の芝居というのは、いつも面白いなあと思うと同時にものすごく馬鹿々々しいとも思うんです、全体としてみると。一般性で考えた人生とディテールを生きなければならない人生とがいつも悲劇的に矛盾するんだから。不可避なように見えてしまったものでも——それが自然現象についてなら、殆ど全面的にそう思いますよ、原因と結果をつなげれば不可避だと思うしかない——だけど、どうも人間の現象というものに関しては、確かにここからここまでの手順は、これは誰が指しても同じだという、たとえば将棋の定跡とか碁の定石みたいなのはあるかもしれないけど、どうもほんのちょっとした岐路で、意志のちょっとした働き一つで重大な結果を招くということは、意外に多いんじゃないかという気がするね。ぼくはきみの本でもし引っかかるところがあるとすれば、やっぱりそこだった。この前もたしか、親鸞の言葉の「面々の御はからひ」というところでぼくがきみに、たしか変なこと言いだして、ものすごくきみが不機嫌になっちゃったの憶えてんの。

吉本　そうですか。（笑）

鮎川　あるところまでいったら、あとは「面々の御はからひ」でと突っぱねたところで、そのなかにこんど、それじゃわたしは殉教を選びます、という人がいたら……と言ったらさ、「面々の御はからひ」ってことはそんなこっちゃない、なんて言いだしたわけよ。

吉本　ああ殉教を選ぶっていう意志はあるはずだということですね。

鮎川　「面々の御はからひ」のなかにありえたとしたらどうだろうかといったら、まあそういうことになったわけです。

吉本　はい、分りますね。

鮎川　ぼく自身は殉教なんて嫌いなわけですよ。また、たしかに「面々の御はからひ」という言葉は、平たく言っちゃえば、勝手に逃げろというのと同じだと思う。もうあるところまできたらしようがないんだ、勝手に逃げなさい、という意味だからさ、おれは殉教します、なんて頓狂なやつが出てきたら、お師匠さんはいやな顔するだろうとは思うけどね。だけど、ぼくはそういうのもあるんじゃないかという気がする。それから、不可避だからそれを受け入れなきゃならないってこともないと思う。まず、それがあるでしょう。

吉本　そうですね。

鮎川　だから、たとえば革命が不可避だってことを完璧に論証されたって、おれは嫌だってやつがいたっていいわけですよ。

吉本　そうですね。

鮎川　革命なんか絶対ないんだってことを誰かが証明したとしても、いや、おれは絶対そんなことは聞かないというやつがいたって、もちろんそれもいいと思うんだ。事実真宗だって一揆のときなんか、殉教的な、熱狂的なやつが、かなり出てきちゃうわけよね。じっさい言えば。

吉本　そうなんですよね。

鮎川　教祖はそんなつもりじゃなくても、ぼくはそれは起っちゃうと思うね。この本も最後のところまでくると、意志を超えた自然の意志みたいなことが出てくるわけですよ、やっぱり。そういう親鸞の最後に到達した境地というものは、自然というか他力の意志に合一することだったというような感じがするけどね。でも、なぜぼくが人間の運命を不可避性と観ずることで躓くかというと、不可避ということを強調すると、一種なんていうか、自己を正当化する非常に便利な道具になってしまうという気がするんだよ。どんな悪でも善でも、それを強調されると、わりあいなんかすんなり受け入れられてしまう。で、すでに行われたことに対しては、極端にいえばどんな弁護でも成り立つでしょ。だから、どうもね、そこのところにひっかかるんだけどね、ちょっと。もちろん、だからといって決してぼくは意志の力をクローズアップしたいわけじゃない。自分が意志の強い人間だとは、まるっきり思っていないしね。

思想の運命

吉本　そういうことでいつも引っかかることがあります。親鸞の思想とか考え方、あるいは信仰に現実に共鳴した信仰者の群れがじっさいにしたことは、もう親鸞がまだ生きているときから、まるで別の原則と別の意志で動いているみたいになってしまっています。まして二代目三代目になったら、意図しないように動いていってしまう。どんな例をとってきてもいいんです。たとえばマルクスとマルクス主義のじっさいの動きですね。ロシア、中国その他で、そのあとマルクスの思想で動いているんだとかそれを実現したいんだというふうに、主観的に位置づけている勢力があるわけですが、しかし、それはマルクスとはまるで関係ない意志で動いているといえるくらいに違ってしまう。人間がなにかを意志して行為をすることと、その思想とはつながりがあるんだというふうに考えるべきなのか、あるいは全くそれは関係ないんだ、人が現実に動き、現実に行動する動機とか原則とかってものは、まるで思想がどうであるってこととは関係ないことなんだときっぱり考えてしまったほうがいいのか。あるいは、関係はあるんだけれども思いどおりにいかなかったというべきなのかですね。その場合にぼくは、ある思想がひとつのモチーフを持ち、そしてそれを展開し、そしてある意味では現実的に思想が示唆を与えていることと、人間がじっさいに動く動機というものとは、まるで無関係と考えたほうがいいんじゃないかと、ときどき思いたくなることがあるんですね。

鮎川　きみはそういう場合、割合にきっぱりと、それはもう無関係なんだという態度をとっているでしょう。それはマルクス論の場合もそうだし、この親鸞論の場合でも同じだと思うんだけどね。

吉本　そうなんですね。

鮎川　ぼくもそうは思いますよ。少なくとも親鸞の責任でもなければマルクスの責任でもない、そこまではっきりしている。ただね、それじゃその影響を受けたと称する、それこそいろんな歪曲の群像というか異端邪説というか知らないけれど、そういうのを見てみると、それにはそれなりの類型があるわけですよ。関係がないとはいうものの、やっぱり類型がある。たとえばソビエトと中国と北ベトナムとカンボジア、あるいはほかの社会主義国でもいいけれども、なるほど、それぞれ違うけど、類型はあるというように。

吉本　ええ。

鮎川　そうなると、これはやっぱりもとが問題じゃないかってことも、ぼくは起ってくるんじゃないかって気がする。おそらく親鸞の場合でもそうだと思うんだ、きっと。

教団がその後起こした事件とか社会問題とか、そういうものについて考えると、必ずある類型があるんですよ。やっぱりそれは元の思想とまったく無関係であるとは言えないと思う。どういう迂路を通ってそうなるか知らないけど、ちょっとね。だからそこをきっぱりと区別して、それですむかということは問題だと思うね。

誤解と曲解

吉本　そうですね、ぼくもいつでもそう思います。つまりそういうふうにしてみても疑問は残りますね。もしもそういうふうにしてしまえば、こんどは論理とか思想とかっていうものが重大であって、人が現実に行為し、血を流したり、死ぬとか殺したとか、そのことはそれじゃそれに比べて重要じゃないってことになっちゃうじゃないか。

鮎川　そうそう。

吉本　つまり人間てのは誤解のためだって死ぬことがあるし、曲解によって死ぬこともあるし、というふうに考えてもそうだし、また曲解、誤解にかかわらずひとつのパターンとして呑みこんだ、そのことにはそんなに間違いはない、無意識だろうと間違いはないというか、そういうものとして動いたことがさまざまな結果をもたらす、そういうことのほうが重要じゃないかというふうに、極端にいうとなっちゃうような気がするんですよ。そうすると、思想というのは、いつだって責任はないといいましょうか、つまり責任はないという論理はいつでも使えるみたいになっちゃってね。それは曲解したほうが間違いなんだ、悪いんだからしようがないんだ、というふうにいつでもなってしまいますと、なんとなく人間というのは、思想が主であって、現実に動いてどうするということは勝手であるみたいになっちゃう、そういう転倒が起ってしまうという疑問がいつでも生まれますけどね。だけど、その場合に、鮎川さんの言ってるのはそこなんじゃないかと思うんですけど、ぼくは、それは間違いだ、曲解だというふうに感じられたりする場合に、それは許されるのか許されないのかというようにして考える、と、わりに言いたいほうなんですね。つまり曲解じゃないところの現実の行為とか行動というのはありうるはずじゃないか、というふうなところにとことん固執したり挑戦したりということがぼくにはあるわけですね。いや、それは曲解だ、仕方がないさ、人間なんて誰だって曲解しかできないよとか、誰だって曲解はありうるんだよ、それはもう仕方がないことじゃないか、というふうになかなかならない。

それは本来的にそうじゃないのかもしれないので、論理としては全く別問題だといって、じゃあぼくのほうでそれで自己納得して、それは理論どおりにはいかないってことは誰にでもあるんだ、誰にも曲解はあるんだっていうところで許容するかというとそうでもなくて、曲解だから違う行為の仕方ってありうるというふうにあくまでも固執するところはあるんですね。そのことがぼくには相当な問題なんだと思えるんですよ。その場合に、許容されているのは、論理とか思想が許容されているというよりも、自分が許容されてるんじゃないかということはあるんです。行為する場合には、大なり小なり曲解してしか行為できないってことはありうるんだとすれば、それはそれでいいんじゃないのかというふうになかなかいかない。そういう意味合いでは、理論とか思想とか現実のあり方というものとは関係ないんじゃないかって言いながら、実は関係あるから怪しからんのだみたいなことを、いつでも言っているみたいなところがあります。本来的には、思想とそれが実現される形、あるいは信仰とそれが実現される形というものは、違うんだということと、違いながら、しかし関連があるんだ、ということのなかで、この世界は肯定されていなくちゃならないか、または世界というものは存立条件としてすでにあるのだっていうふうに考えなくちゃいけないのか、そこのところが、なかなかうまく解決できないという問題を自分では感じるんです。

鮎川　つまり異端邪説、誤解がいくらあっても、正解ってものはあくまでもありうるんだと、まあそういうことだね、簡単に言えば。

吉本　ええ、そうなんです。

鮎川　そうだろうなあ。そうでなきゃとてもきみのように頑張れないと思うものね。

吉本　全体を覆えるような論理的構築自体が気ちがいじみているんじゃないか。具体的であり部分的であることに対して論理とか思想というものがあって、それがまあ指針になりうる場合もあるし合致する場合もあるということはいえても、世界全体をいちおう覆うという論理構成をもった思想というのは、元来が気ちがいじみているものなんじゃないか。仏教もそうだと思うんですけど、はじめから終末まで全部見通したことを言っちゃってる、そのことはじっさいは気ちがいじみてるんじゃないかということは、あるような気がするんです。

全体的思想

吉本　ただ仏教ができたのは何千年前でしょうか、そのときはアジア、つまりインドだとか中国だとかが、人類全体を象徴するだけの勢いがあった時期でしょう。そういうときにできた思想だから徹底して始めから終りまで言っちゃってるように思うんです。だから大した思想だといえば大した思想だと思うんです。ただ、その後の仏教の展開がさまざまな思想の流派になり、浄土があるというやつがいるかと思うとないってやつがいるとかいうようなことになったのは、くだらないっていえば、くだらないような気がするんです。でも現実の形態はそうなっちゃってるからしょうがないのですが。それからマルクスとかヘーゲルとか、そういう人のいた、十八世紀の後半からそうなのかもしれないけども、十九世紀というのは、ヨーロッパが世界だっていうくらいヨーロッパが栄えたときなんですよね。

鮎川　ああ、そうね。

吉本　だから、そのとき出てきた思想だから、わりに全体を把握したことを、いちおう論理につくるでしょ。相当な勢いであり、相当なものだってことはいえるように思うんです。だけども、じっさいその後のていたらくっていうのをみたら、そうは全然なっていかなかった。それでいろんなことを言うやつがたくさん出てきた。そういう問題であって、ヨーロッパというのは相当なこと言ったんだなあって、それはヨーロッパが世界だったという、そういう勢いがありましたからね、だから相当なこと言えちゃったし言っちゃった。全体的な、始めっから終りまで、人間の意識から社会まで、全部押えるみたいな、未来まで全部押えるみたいなことをちゃんと言っちゃったってことは、相当な勢いだって気はするんです。だから具体的にそれを原理としていろんなやつがやっちゃったら、ろくなことができないことになっちゃったっての、ある意味じゃやむをえないんじゃないのかなという気もするんですけどね。

鮎川　そうか。それは面白いなあ。

吉本　だから仏教でも、はじめっからもう、事物も人間もなにかが造っちゃったんで、縁があって人間もできちゃった。だから、はじめっから生きてるも死んでるもへちまもないんだ。それで過去から無限の未来まで全部いくんだっていうふうにやっちゃってますね。

鮎川　そういう全部を見通したような思想というか宗教というものでも、そういう世界観というものがあって、それをまあ昔だったら小坊主のときから教わるわけでしょう。実際いうと現実についてのなんの経験もしてないうちから教わっちゃうわけだ。浄土とか、世を穢土と感ずるとか、そんなことはなんにも知らないうちからたたきこまれちゃうわけでしょう。

吉本　これは始めっから終りまで押えているというふうに考えてつくった思想はそうですね。だからいま、中国とかソ連で、共産主義党学校かなんか知らないけど、そういうところへ入れられて、もうはじめっからこうだといわれて、そうなっちゃってるのと、同じことなんじゃないでしょうかね。まあ、それにしても、現在、マルクスの思想というものに対して、具体的にそうなってないじゃないかという問題とか、それは間違っているという考え方とか、さまざまな意見があるだろうと思うんです。けれども、ぼくはあんまり完璧な説得力で、これ絶対間違っているというふうに、どう考えても言えていないような気がしてしかたない。なぜ言えていないかという根本のところが、始めっから終りまでの異議申し立てができてないからじゃないかと思うんです。

鮎川　そうだね。

吉本　大抵は部分的で、経済学的にこういうところが間違っているぞとか、国家の考え方に関して間違っているとかいうような指摘はたくさんあるのですが、一から十まで押えた全体的な言及がないいんじゃないかと思います。

鮎川　でも、そういう総合的な体系っていうものは、ちょっとできないんじゃないの。なぜかというと、今はアジアはアジアだし、ヨーロッパはヨーロッパだし、アメリカはアメリカだし、アフリカはアフリカだという、そういうふうな認識が非常に強くなっちゃって、ある地域が世界を代表するっていえるような、そういう勢いはどこでも持っていないでしょう。

吉本　ないんですね。

鮎川　みんな地球のどこに住んでるかってこと知ってるしね。そういう状態じゃ、そんな全体を覆うような世界観てのは、どこの国でもできないと思う。そういうもののいちばん最後の名残が、まあマルクスですね。

吉本　ええ、そう思います。

鮎川　だからマルクスはまだそのまま、それをたもっているわけですよ。それだけのことで、じっさいとそれを全部オール否定できるような構築なんて、できないんじゃないかね、だいいち。

危機の本質

吉本　そうですね。ヨーロッパがたとえば現代の思想の危機というようなことをいうときには、必ずそうですね。つまり全体的であるような思想はありえない、全部部分的でしかないということが危機感になっている感じがします。ただ、ぼくらのは、ヨーロッパに対する知識とか教養というものが偶然的でしょう。つまりなぜそんなにマルクスだなんていうの、といわれても、偶然とりついたということを抜きにしては答えられません。けれど、ヨーロッパにしてみれば、そんなことはさんざんいってきて、フランス革命も体験してきて、全体的なものはなくなっちゃったんだよ、という必然の面があります。だから、たまたま偶然的な要素のなかで、これはヨーロッパが昂揚した時期に出来上った思想でないかなということが、いわば固執する原理になっているような気がするんです。だからこんなものは本当はナンセンスかもしれないような気がするんです。ましてや、これを原理とする現実がどんなに駄目だっていったって、これとは違うんだからというような固執のしかたは、古典主義的な考え方で、そんなことはぜんぜんナンセンスかもしれないなあ、って気はします。ただ、もはやもう何もないよ、部分しかないよ、というふうなところになかなか実感が伴っていかないので固執しているので、本当は客観的にいうと、ナンセンスかもしれないぜ、という気はしてしかたがないですね。中世期でいえば仏教というのは、つまりインドから中国へ行って、日本に流れてきた。そう考えると、世界で第一級の思想だったと思います。だから中世でいえば仏教というのは、現在でいちおうマルクス主義というのと同じだったと思うんです。そういう比喩でいえば、道元というのは徹頭徹尾、おれはソ連へ行ってレーニンから直接習ってきたんだから、絶対正しいんだというふうに言っているんですね。道元というのは、独創性なんかなにもない、まあ些細なところではあるけれども、つまり命題としてはなにも新しいとこないんですね。そうすると道元は本当にそういう教条主義者で、おれはレーニンから習ってきたんだから、つまりマルクスの学説をレーニンが現実に適用して、それをおれはわざわざ行ってそこで習ってきて、あれでいえば印可でしょうけどね、印可を受けてきたんだから、絶対正しいという言い方をしていると思うんです。ところが親鸞はまるで正反対で、どうもマルクス主義てのは信じられねえんだ、だけど、いちおうそれは人間の始めから終りまで、人間の生から死まで全部押えてる思想で青年時代に比叡山へ行って習ったりしたんだから、そうなんだけど、本当はあんまり信じられないんだと言って、現実的な悩みがどうであるかとか、人はそれを信じているとか、そういうところからやっていって、おれはもうマルクス主義じゃねえんだっていうふうにいってもいいところへ出てゆきました。

鮎川　そうだね。なんにもなくなっちゃうわけだから。

吉本　そうなんですよ。人間の生死とか煩悩、そんなことはどうでもいいと思ってる人にとってはもうナンセンスなんです。だけど、そのことだけは親鸞はわりに前提としているし、道元も前提にしていますね。そのことがおかしいと思ったら、もう本当におかしくなっちゃうんじゃないでしょうか。だからマルクス主義ってのはナンセンスだよ、っていうのが正しいかもしれないので、今だって、ヨーロッパで本当に考えに考え抜いている人は、ナンセンスだと思っていて、始めから終りまで押えきる思想なんかありえないんだ、と思っているかもしれません。それはかなり実感的にそうで、そのほうが正しいような気もするんですが、位相のちがいもあって、なんかそこまで実感が伴っていかないところがあります。

ヒューマニズムについて

吉本　仏教という普遍的な世界思想に対する態度のとり方として、親鸞は仏教というのは本当はどうでもいいんじゃないかなあというところに殆どいってるような感じがします。それは『歎異抄』などをとってくるからそうなんで、『教行信証』をとってきたら、そういう意味ではナンセンスな、教条主義なんです。つまり、これは仏教のなかで浄土についての理論関係の経典を抜き書きして、それを自分の思考の秩序にしたがって配列してるだけですから。

鮎川　訓古の解釈っていうやつですね。

吉本　そうです、訓古註釈ですね。こんなのはマルクスの著書から「芸術論」とか「国家論」とかいうのを選んできて編纂してるのと同じことですね。多少の註はつけてますけど。こんなものは仏教を信じていない人からみたらナンセンスなことをしてるんです。これは道元にしてもみんな同じで、教条主義だと思います。そこへもってきたら、親鸞も一種の仏教主義者——これはマルクス主義者ってのと同じ意味——です。具体的にはもうあまり信用できないというところから始めています。親鸞の問題はそこの問題のように思いますね。法然の弟子のなかでも高弟で幸西の弟子には念仏なんて一回でいいんだ、こんなものは、というところから、やったってやらなくたっておんなじだというところにいって、やめちゃった人もいます。親鸞というのは、殆どそのスレスレなところのような気がします。親鸞の生きていた同時代の風潮や一般的な民衆の流れは漠然たる無常感とか、浄土信仰とか、そういうものであったように思います。現在同じように、漠然と世界中を流れてるものを考えてみると、それは言葉はいろいろいえるでしょうけど、ヒューマニズムってことじゃないでしょうか。つまり、誰でもが人間的にふるまわなくちゃいけないとか、いっとう最初鮎川さんのいわれた、人は愛さなけりゃいけないとか、人には親切でなければいけないとか、約束は違えてはいけないんだというような、まあ、それらのことを含めてね。それは、実行できてるかどうかは別として、どんな人でも前提にしているのは、人間らしくしなきゃいけないといいましょうか、ヒューマニズムといいましょうか、それが漠然たる普通の流れなんじゃないのでしょうか。

鮎川　それはつまり、神は死んだといったときから、そうなる素地があったわけですよ。

吉本　もし人間は人間的でなくちゃならないんだとか、そういうふうに、漠然と誰でもどっかで承認してるようなことを前提にしていても、具体的に行為する場合、自分が非人間的にふるまっちゃったとか、どうも人から非人間的にふるまわれたとか、そういうふうなことが、つまり自己内省としてもあり、それから他者との社会的関係としてもある。そこで、もし自己不信と社会不信があるとすれば、その不信というのは、基本的にいえば、その漠然と流れているヒューマニズムに対する不信ということになるんじゃないでしょうか。

鮎川　それじゃ、なにがこの不信というのを解消するのかという問題が、一つの問題になりうるんじゃないか。親鸞が今いたとしたら、その不信をどうやって解くのかというところを考えるんじゃないかな、その問題があるような気がするんです。

スターリニズムについて

鮎川　そう、それはつきつめていけば、また近代の超克という問題につながっていくね。ただ、その場合、いずれその問題がでてくるにしても、もう少し遅くなってから出てきてほしいと思う。ファシズムの問題につながっていくし、ナチズムなんかだって勢いをもりかえす徴候が見えてきている。それでいうと日本なんかがいちばん危険なんじゃないか。イギリスにしても保守党が政権をとっていくらか右寄りになっていくかもしれないけれど、それでも他人種を受け容れる素地は残っていくと思いますよ。人種的な混淆を嫌って、純血種的ということでは日本がいちばんひどいんじゃないか。他人種を心理的に受け容れないという点ではね。これは危険です。

吉本　あのヴェトナム難民でもなんでも受け容れないですものね。

鮎川　べ平連の運動なんかにしても、まったくばかばかしいかぎりだったですよ。

吉本　ばかばかしいと思います。あれで終ってしまうのでしたら。南ヴェトナムの難民のことなんかにしてもね。ヴェトナム戦争に反対するということでアメリカの新聞に広告を出したんだから、同じことをヴェトナムに対しても、中国に対しても、ソ連に対しても、しなけりゃいけないという発想をもっていなければならないんです。辛いでしょうけれどベ平連が平和運動らしい運動になるのはこれからですからね。小田(実)さんも鶴見(俊輔)さんも頑張ってもらいたいですね。いままでですと、現在の社会主義国と資本主義国とどっちがいいかというと、別にそんなことはないんだけど漠然と社会主義国のほうがいいと考えてよりかかるといった程度の平和運動ですものね。本当はどっちも駄目なんです。また過去のナチズムとスターリニズムとではどっちもかわりなく駄目だったと思います。こっちはいいものなりそこね、こっちは最初から駄目というような考えは問題にならないと思います。ナチなんかが映画でも一方的に悪玉になっているわけだけど、ドイツ人が観たら嘲笑すると思います。もし駄目だというのならどっちも悪玉です。どっちに対しても声を高らかに言えばいいんです。ソ連も中国もけしからんというように。

鮎川　ぼくはアメリカ人がヴェトナムからいなくなったら駄目になるぞと思っていました。いなくなったらろくなことにならないぞ、とね。戦争中、米軍がどんなことをしたって、連中は報道管制はしないですよ。一つの村の住民を殺戮したとかそういうことを、その国のジャーナリズムが一年もわいわい騒ぐなんてことをやっていたわけです。だけど、いまのヴェトナムはそんなどころじゃないでしょ。それをどういうわけか、ヴェトナムにかぎっては民族解放が行われると錯覚していたわけでしょ。アメリカにとっては、中国を封じ込めるという意味があったわけだけど、それにしても、米中が通じ合ってしまえばもうヴェトナムなんて意味がなくなってしまう。中国とうまくいくんだったらヴェトナムにとどまる必要はないわけです。いまのヴェトナムは、それこそ戦前の日本と同じで、百戦百勝なんていっているけれど、まったくおかしいですよ。

吉本　おかしいですね。そういうことは、ちゃんと、戦争体験の「無敵日本」の駄目さからわかっていなきゃいけないと思います。中国なんかは、ヴェトナムや日本のことは大昔から獣の一種だくらいに思ってきていたわけでしょうからね。それはいまだって根深くあります。

鮎川　中国は心の奥底ではいまでもそう思っているんじゃないかな。

吉本　日本のことだって、心の奥底ではまだ属国の一種だと思っているところがあるのではないでしょうか。

ソルジェニツィン問題

吉本　ぼくも少し読もうと思って『収容所群島』というのを買ってきたんですけど、まだ一冊の半分しか読んでいないのです。ヨーロッパの現在に対するあの作品の影響は、甚大なんですね。

鮎川　いやヨーロッパどころじゃない、アメリカだって凄いですよ。『エスクワイア』なんて雑誌は、どっちかというと、わりあいに中産階級的な大衆雑誌でしょ。あんな雑誌でも今年（一九七九年）の二月十三日号を見たら、ネオコンサバティズムといって、新保守主義っていうか、それの特集をやっていて、新しい政治勢力としてそういう傾向が非常に強くなってきていることを取上げているわけですよ、ヴェトナム戦争が終ったあとの現象としてね。まあ略してネオコンっていってる、それのね、教祖みたいになっちゃっているのね、ソルジェニツィンが。グラフが出てるんですよ、ネオコンが、一九三六年のスターリンの粛清から始まって、どういうふうに歴史的なモメントを経験してきたかってのを見ると、ソルジェニツィンの言動の占めるウエイトが、すごく大きい。政治的にはアンチ・コミュニズムで、文化的にはアンチ・モダニズムといったところで、いちばん大事なのはソルジェニツィンなんですね。

吉本　ほう。

鮎川　これも、もとのソルジェニツィンとは関係のない動きなんだろうけどね。それにしても、とにかくその影響ってのは凄いね。ぼくは『収容所群島』は最初に一回読んだときももちろん面白かったけどね。もともと小説家だからさ、そのナラティヴ・パワーってのは相当のものなんで、そういうものがプラスになってるから、強い説得力がある。ところが、あれは決して小説でもなきゃ、まあ文学という枠からかなり離れた著作ですから、ぼくらが馴染んだ十九世紀の小説、フランスの小説でもロシアの小説でも、そういうものから感得した文学性とか、そんなものとはぜんぜん関係ないですからね。だからあれ、滑稽なことに社会主義リアリズムの傑作だって、いわれてるのね。社会主義リアリズムってのは駄目な文学理論だけど、はじめて皮肉なことにこういう傑作を生み出したと。強いて言えば、社会主義リアリズムというよりしようがないような作品だということを言ってる人もいるけどね。ぼくも最初読んだときも、ものすごく感心したけど、二度も三度も読んで面白いとは思ってなかったわけよ。ところが、二度目を読んでみたら、二度目のほうが面白いね。そういう本てのは、ぼくはこの年になるけど、殆どはじめてだった。スタンダールやドストエフスキーでも、そのほかの作家でも、だいたい二度目のほうがつまんないですよ。

吉本　そうですね。

鮎川　最初読んだほどの衝撃力はない。おそらく三度目を読んだら絶対だめだと思う。小説なんか何度も読んで、ますます面白くなるなんてこと、ありえないと思ってるわけね。ところが『収容所群島』ってのは、ちょっとびっくりした。ぼくは文庫本で三度目を四冊目ぐらいまで読んでるんですよ。殆ど毎晩、寝ながら読む。そうするとね、はじめつまんないと思って読みすごしたところが面白い。二度目三度目になると、前読んだときは気がつかなかった面白さってのが次々と出てきますよ。ところが案外誰も読んでないね。驚いたことに文学者であれ読んだ人はいないんじゃない。少なくとも日本人があれについて書いたのをいくつか読んでみても、文学者以外では、たとえば菊地昌典とかさ、いろんな人が書いてるけど、馬鹿々々しいっていうか、全然読めていないよね。

吉本　そうですか。ぼくは読んじゃってやろうかと思ってね。

鮎川　うん、たのむよ。まわりを見廻してもきみぐらいしかもう読んでもらえる人いないよ。きみだったらひょっとしたら、ちゃんとあれをマスターできるんじゃないかと思うけどね。だけど、ぼくはあれを克服するってことは可能だと思ってんですよ。ぜんぜん反対の立場からでも、それこそスターリン主義の立場からでも可能じゃないかと思ってる。それ、予感でそう思うんだけど、それくらい挑発力がありますよ。しかし、現状では近寄るのも容易ではない。凄いよ。本当に。ソルジェニツィンは、読むと分るけど、だんだんもとへ遡ってるわけね。スターリンからレーニンへと。もうレーニンも目ッ茶苦茶にやっちゃうんじゃない。いま書いてるの、そうでしょ。レーニンの伝記みたいのですよね。おそらくマルクスまでいきますよ。あれはもう、そういうつもりでやってるね。だけど、結構ユーモアがあるのよね。どっから出てくるのかな、あのユーモア。それから、『煉獄のなかで』っていうのがとってもいい小説ですよ。あれと『収容所群島』読めばソルジェニツィンはもういいんじゃないかな。ほかにもいろいろあるけど、必要ないんじゃないかな。『煉獄のなかで』は小説だけど、ロシアなんかにいて、よくこんなモダンな小説が書けたなと思うくらい、ポリフォニックな手法を駆使して、いろんな角度からあれだけロシアの社会を全体として描いたってのは、ちょっと凄いですね。スターリンまで描いちゃってるんだもの。スターリンが論文を書いているところなんか、ちゃんと描写してるんですよ。彼が頭のなかで考えてることとからなにからなにまでね。あれはね、ちょっと世界文学全集並の小説家でもできない芸当だよ、そりゃ日本の作家だって、伝記的な人物を小説の中で描くことがあるけど、これ違うんじゃないか、とよく思うよね。

吉本　そうです。

鮎川　そういうチャチな印象を与えないですよ。そういう点でも、ちょっと凄いね。だいいち面白いよ、むやみに。だけど案外誰も読んでないね。どうしてあんなに読まれないかなと思って。やっぱり難しいんじゃないのかな、結局は。

吉本　それと切実感が少いんじゃないでしょうかね。ヨーロッパはきっと……。

鮎川　切実でしょうしね。ところが、日本人にとってもよく読むと、すごく切実ですよ。今日は切実でなくても、明日は切実だぞと思わせるだけのものはある。

吉本　なるほどね。

鮎川　いや、ぼくはあれは本当に読んでもらいたいんだ、誰にでも読んでもらいたい。あれを克服しないでね……ぼくは共産党の人なんか、あれぐらいは絶対克服しなかったら、おかしいと思うんですよ、絶対に。しかもこんどは共産党もいくらかロシアと仲よくしていくことに決めたわけでしょう。（笑）

（一九七九年）

鮎川信夫（あゆかわ・のぶお）　一九二〇〜八六年　詩人

親鸞の〈信〉と〈不信〉

佐藤正英
吉本隆明

意識の存在の根拠

佐藤　『〈信〉の構造』（一九八三年）の序のなかで、吉本さんは、〈信〉を論ずるということは、意識を論ずるということにほかならない。〈信〉をめぐることは、意識の起源をめぐることになるし、また意識の歴史性をめぐることになるんだ、というふうにおっしゃっているんですが、〈信〉を、どういうふうに捉えておられるのか、あらためておうかがいしたいと思います。

吉本　ぼくは仏教とかキリスト教とか、一般に宗教ということに若いときから割合に関心を持ってきたように思うんですが、その関心の持ち方が、何かを信じてるということと、それから信じてないということの間に、もしどこまでも意志とか、それから理念とか、論理とかを疎通させていって、〈信〉と〈不信〉との間に、ほとんど全部了解が成り立ったとします。ほとんど了解が成り立ったとして、さて〈信〉を持ってる人と持ってない人とは同じなんだろうかということをめぐっている。

つまりたしかに相手の考えは全部わかったときに、どうしてもそれでもここからあとは了解できないし、また言葉でいうこともできないものが残るとすれば、そういう最後に残った違和感をはっきりさせていったとします。それをぼくのような〈不信〉の者の側からどうするのかといったら、そこから引き返していくより仕方がないような気がします。うまく踏み込めるようにそれを説いて、わかるようにしてくれる人がいたとしたらば、その人自体が〈信〉ではない側の人に違いないと思えるのです。

その最後の詰めみたいなところにいくと、どうも意識の起源か無意識の起源かわかりませんが、そこのところの問題を問うことと、おんなじことになっちゃうんじゃないでしょうか。まあぼくが宗教的なものに関心を持ってきた者としていいますと、なんかそこのところは残って、そこのところでまた逆にいいますと一番ひっかかってくるわけです。

〈信〉と〈不信〉の両端を相互に浸透さしてみたり、またいでみたり、また〈信〉の側に自分を寄せてみたり、もしかすると〈不信〉の側に自分を寄せてみたりというようなことがかなり自在にやれてる人といいましょうか、そういうところで親鸞が、ぼくにはなんとなく一番近いような、わかるような気がします。

あるいは〈不信〉がわかってる〈信〉の人だという感じがするんです。また、ある面からいいますと、逆にそこで放り出されてしまう感じがする面もあるように思います。それは親鸞の〈自然《じねん》〉という概念の持っている〈不信〉の者は放り出してしまうと思える面と、〈不信〉ということがよくわかってる人だみたいに思える面との、両方がそこにある気がするんです。

ぼくが『〈信〉の構造』のはじめのところへちょっとそういうことを書いたのは、その程度のところです。

佐藤　〈信〉というのは何かを信ずるのだとすると、その「何か」というようなものを、吉本さんの言葉でいわれるとすれば、さしあたっては、どんな言葉になりましょうか。

吉本　そうですね、ぼくは「何か」という言葉であっていいような気がするんですがどうでしょうか。

そこのところの言葉に即していえば、自分の意識のあり方というものを、自分が信じているかいないかということに最後は帰着してしまうんじゃないのでしょうか。

もし自分の意識の根拠といいましょうか、あり方といいましょうか、それを信じていることができれば、多分その人は、宗教的な、までいくかどうかは別として、〈信〉の人だというふうにいえるわけでしょうし、ぼくは自分が〈信〉の側に立ってないというふうに思えるのは、どうしても最後のところで自分が自分の意識の存在の仕方ということを、あまり信じてない。

したがって社会における自分の存在の仕方とか、あるいは自分の生といいましょうか生涯といいますか、そういうものに対して　どっかで和解してないところがあるみたいな、そういうものがあるということをも含めて、なんか自分が最終的には自分の意識の存在の根拠みたいなものをあまり信じてないことになるな、ということをいつも感ずるんです。結局そこいらへんのところに還元されてしまうんじゃないでしょうか。

またぼくが親鸞という人を、わかるようにみえて、最後はやっぱりわからないなあ、というふうに思えるところも、なんかそこらへんのところに帰着するような気がするんです。

佐藤 〈信〉は、〈不信〉をつねに必然的なものとしてもつ。〈信〉をそういう構造のものとして捉えるということはいかがでしょうか。〈不信〉の人となるか〈信〉の人となるかということは、二重の構造のうちのたまたまどちらかがより重くなる、というか、ちょっとしたきっかけでどちらかがどちらかを圧倒しきっているにすぎないということではないでしょうか。

〈信〉というもの自体が、いわゆる客観的な、あるいは実証的な知識といったものと違いますから、ある種の不確定さをつねに含む。不確定さを含んでるということは、そこでたまたま実感的にこっちを選んで〈信〉になっても、つねにどこかで〈不信〉にゆり戻されていく契機を持つのではないか。

そういうようなこちら側の意識のあり方と関わるかたちでの、「何か」というのが、〈信〉の対象として向こう側にあるんじゃないか。だとすると、吉本さんはあまり仏とか神とか、そこであえて使われないのではないかと思うんですが、あえてそういうものをたてれば、それを、意識との関わりで、どう捉えるというか、位置づければいいか……。

吉本　実感的なところからいっても、それから、自分の親鸞に対する理解というところからいっても、そういうふうには思えなくて、親鸞というのは〈信〉の側の人なんだけれども幻想としては、いつでも〈不信〉の側に自分を移行させて、そこで考えたり、そこで言ったりということができる人だ、というふうには思います。親鸞のなかにも〈不信〉は四割あって、だけど六割は〈信〉なんだというふうにはぼくには思えないんです。

この人は究極へいけば〈信〉の人だな。だけども、いつでも〈不信〉というところに、観念的には自分を移行させる、自分を乗り移らせることができる人だ。そこで〈不信〉の人がどう考えるかということがよくわかる人だと思えるんですね。

実感的にも、なんかそういう信仰がある人で、大変よくわかってる人だ、と思える人と、とことんそういうふうに詰めていきますと、全部わかる。相手の言うこともわかるし、こっちの言うこともわかる。だけれども、結局どっかにやっぱり一種の切断が、あるいは断絶があって、どうしてもそこだけが残っちゃったらもう、それ以上は踏み込めない。

現にそういうふうにいわれたこともあるんです。何にも違わないといってもいいけども、最後のところで、やっぱりあなたと違う。その違うということを何か言葉でいうことは難しいけれども、しかし、それは多分——その人はキリスト教の人だったんですが、自分が信仰の側にいるといいますか、そういうことなんだと思うんだ、というふうにいわれたこともあるんです。

ぼくも何か実感としては、詰めていくと、これはやっぱり信仰の人からは、最後にははじかれちゃうなっていいましょうかね。もうそこから入れないというふうな何かを持ってる人だ。その「何か」というのは本当によくわからない。つまりそれが必要であるのか、あるいは根拠があるのか、そういうことも全部含めて、信仰というのは本当は自分にはわからない、というふうになりまして、ぼくはいつでも実感的には引き返してきちゃうんです。だから七割三割とか、あるいは五割五割というふうには、ぼくには思えないです。

ただ、たとえば自分は〈不信〉の側にいるというふうに考えて、しかし〈信〉ということには若いときから随分関心を持ってて、〈信〉というものがある程度わかる、その側に移行できるというふうに自分では思ってきてるわけです。しかし最後のところはやっぱり〈信〉は本当はわからないです。つまりはじかれてしまうというふうに、理解の仕方をとります。

〈信〉と〈知〉

佐藤　どこかでおっしゃってたと思いますが、おじいさん、おばあさんの素朴な〈信〉というのがありますね。吉本さんはそれに対して、そういう部分というのを、ご自分のなかにもあるという……。そのわかるとおっしゃったときに、そういう素朴な〈信〉みたいなものは、何らかの形でご自分のなかにもあるということになるんでしょうか。

吉本　そうでなくて、素朴な形での〈信〉ということをすっぽり受け入れて、そしてもし浄土っていうのがあるなら、それも死後の世界として信じていていという、そういうあり方に、好意を持つというんでしょうか。シンパシーを持ちます。もちろん本当の理路からいけばそれは嘘だ、とことんまで理念の上では追いつめたくてしかたがない。自分のなかには多分ふたつの正反対の気持ちがあるように思います。だけども、なぜかとても好意を持てるというんでしょうか……。

自分流の言い方をしますと、〈信〉と〈知〉ということになるわけですが、〈知〉というものが登場したり、それに接触したりしない人間の原形というものが考えられるとすれば、その原形というのを保っている人のなかにしか、その種の〈信〉は持ちこたえることができないはずなので、そういう意味でとても好意を持つといいますか、肯定的なんです。

ぼく自身は全く正反対で、理念としていえば、どこまでもほっくり返していって、そんなのは嘘です、というふうに問いつめたくてしようがないみたいです。一種の矛盾ですけれども、自分のなかにあるのはそういう矛盾のような気がします。

佐藤　もし〈信〉の側から論じていくとしますと、〈不信〉から〈知〉が生まれるというか、〈不信〉と〈知〉とはほぼ同時期に生じてくる、そういうふうな言い方をしてもいいんでしょうか。

吉本　もし同時期ということを、時間的なという意味じゃなくて、同在するという意味でいえば、そういうふうに思えます。

つまり「はからい」というふうに親鸞がさかんにいうところのものは、たぶん〈知〉とほぼ同在しているものを指しているような気がします。だから、切っても切り離せないといいましょうか、そういう意味で同在してるんじゃないかな、というのがぼくの理解の仕方のなかにあります。

佐藤　〈不信〉というかたちで、――「親鸞論註」では〈信〉の外側に置かれるという、そんな表現を使っておられたと思いますが、――〈信〉の外側に置かれた人がいつも〈信〉の内側に向かって問いかけていく。そのことが〈信〉の外側に永続する問いというような言葉で捉えられていたと思いますが、永続するかたちの問いは〈知〉と呼んでいいあり方だということでしょうか。

吉本　自分ではそうじゃないかと思っています。

〈知〉であり、ある意味で〈不信〉の永続性といいましょうか、もしそういうものが考えられるとすれば、多分そういう問いかけの連続といいますか、持続というなかにしかないような気がします。

佐藤　〈知〉は結局、言葉というかたちをとって現われてくる、言葉によってたどっていくといいますか……。このたどるというのを、吉本さんは最近の「親鸞論」のなかで「理路を微細にたどらんとする」という表現で捉えておられたと思うのですが、〈知〉は言葉によって〈信〉のもつ理論を微細にたどる。で、たどりついていく方向の問題なんですけれども、方向は結局〈信〉が持っていた方向と同方向に向かって、つまり、〈信〉の核といいますか、対象の核心にある何かに向かっていく、ということになるのでしょうか。

吉本　これは〈信〉を持っている人には承認しがたいことでしょうが、そのようにして〈不信〉の側から永続的な問いつめがあって、その問いつめに呼応するといいましょうか、対応するように、〈信〉の側が、閉じようとする〈信〉を、いつでもこじあけられちゃうという状態で、〈信〉を持続できるものがあるとすれば、その両方が呼応してどこを目指しているのか、多分それは〈真理〉という概念に当たるものを目指しているんだという気がするんです。

そうすると信仰の人からすれば、そんなことは嘘なんで、真理よりも信仰を下に置くということは不服であるということがあるかもしれませんが、〈不信〉と〈信〉との間で問いつめて、そこで結局はどこを目指してることになるのかといえば、ぼくは〈真理〉というものの概念をどこかで目指そうとしてるんじゃないかなという、理解の仕方をとります。

それは〈真理〉が至上なものに押しあげられちゃって、もしかするととてもよくないのかもしれませんが……、なんかそんな感じですけどね。

〈知〉と『教行信証』

佐藤　さきほどもおっしゃいましたが、親鸞というのは〈信〉の人であるけれども、〈不信〉というものがわかる人といいますか……親鸞のなかには〈信〉から〈不信〉が生まれてくるところがある。

どうして親鸞のなかではそういうところが生じてくるのか。親鸞がなぜ素朴な信仰者でいられないで、そういう意味での〈不信〉あるいは〈知〉というようなところにずれ込んでしまうのか、堕ちてしまうのか、というあたりは、どうお考えでしょうか。

吉本　結局親鸞には『教行信証』みたいな著作、それから、『歎異抄』のような半分は聞き書きであり、半分は聞いた人との問答であるし、残りは聞いた人自体の信仰の継承みたいのがみんな混じってるもの、それからまあ『パウロの書簡』みたいな、書簡でもって弟子たちのいろんな疑問に答えているもの、大雑把にいえばその三種類がありますね。

するとそのなかで、人によってその評価は違うでしょうが、何がいちばん問題になってて、何がいちばん弟子の間でも疑問の核心になっていたのかを親鸞の書きっぷりとかしゃべりっぷりとか、書簡のなかの答え方を参照すると、ひとつは佐藤さんも論じておられた〈自然〉ということだと思います。〈自然〉とは何なんだということを、十八願の信仰に即して繰返し繰返し説いています。

もうひとつは、「書簡」のなかで一番多いと思うんですが、十八願に帰依しえたときに、定聚とか正定聚とか「正定のくらいにつく」といわれている、その「正定のくらい」とは何なんだということですね。

ぼくは、その二つが弟子と親鸞の間でいちばん問題になっているような気がするんです。弟子たちにとっても、そのふたつが浄土真宗というか、親鸞の教義のなかでいちばんわかりにくいところだし、またかなめだと思われていたところだと思うんです。

そうすると、その「正定のくらい」というのを、親鸞がどう設定してるかは、人によって理解の仕方が違うわけでしょうが、ぼくの読み方だと、これはすぐに浄土に行ける場所で、皇太子がついに天子になることが自明であるような、その皇太子の位みたいなもので、浄土に行くと確定的に決まっている場所なんだ。十八願を信仰すればその位につけるということだ、と説いてると思うんです。

そうしますと、この「正定のくらい」を親鸞はどこに設定してるかぼくなりに考えてみますと、親鸞が肉体的な死のあとに清浄な浄土があって、もし十八願を信ずるならば、死後の魂はそこに行き、浄福の生活を送れるという意味で、死後の世界を信じてるとは思えないんですね。ぼくの理解の仕方はそうなんで、率直にいってしまえば、親鸞は多分死後の世界というのを信じてないので、親鸞が設定してる精一杯死は、「正定のくらい」ということで、多分それが親鸞の考えている死というものだと考えます。これはすぐに浄土へは行けるんだけど、浄土そのものではちっともないんだということだと思うんですね。

「正定のくらい」ということに対して、親鸞が繰返し弟子たちの質問にいろいろな言い方で答えてるわけですが、それを見てると、死後に浄福の世界があるということに〈不信〉であるようにみえます。それはいってみれば仏教の思想全体に対する親鸞のなかにある〈不信〉であると思います。つまり死後の世界に浄土があるという考え方を否定したら、仏教というのは本当は成り立たないわけでしょうが、親鸞は多分否定してると、ぼくには思われます。だから「正定のくらい」というのが精一杯、親鸞の考える死の世界、あるいは死後の世界であって、浄土があるとは本当は思っていない、というふうに理解します。それは多分、仏教の信仰自体に対する親鸞の〈不信〉というものをあらわしてるような気がします。

親鸞は、弟子たちにも、「死んだら浄土でまたお会いしましょう」みたいなことを書簡のなかで書いています。そのときの浄土というのは、つまり通俗的な意味で死後の世界の意味だと思うんです。そういうふうに使うときの親鸞は、比喩として、「浄土でお会いしましょう」という言い方をしてると、ぼくには思えるんですね。

本当に親鸞が考えてる死というのは「正定のくらい」であって、突きつめていけば、仏教、特に浄土教に対する全体的な〈不信〉のような気がします。親鸞は仏教徒ではないのか。多分もうぎりぎりのところまで仏教徒でないわけだと思うんです。戒律は守らない破戒坊主ですし、そういう世界の門からもう出てしまって、いわゆる俗にあらず僧にあらずというところの境涯に生きた人ですから、まあ当然仏教に対する〈不信〉を生きたわけです。

同時にしかし、それじゃ本当に還俗してといいましょうか……。本当にただのいわゆる〈不信〉の人、〈信〉のない人になっちゃったか、といったらそうでなくて、やっぱり「正定のくらい」ということで決めているものがあります。つまり十八願信仰で得られるものとして「正定のくらい」といってることのなかには、やっぱり仏教に対する〈信〉というものもまた親鸞のなかにあって、それは多分〈信〉と〈不信〉とが、自己矛盾として同在してるところのような気がするんですね。

親鸞はある面からみたら、ほとんど仏教、あるいは浄土門というのに対して完全に否定的であって、そんなの少しも信じていない。また死後にそういう世界に魂がいくなんていうことも信じていない、そういう意味であったら〈不信〉であるし、また逆にどうしても非俗といいましょうか、俗に還れない場所というところでは、やっぱり〈信〉の人だというふうに思えるんです。

親鸞の生き方をみていると、もちろん書簡とか、先輩の書いたものに対する註釈とか、またその他の小さな文章を書いて、何か必要があるとそれに答えたりしていますが、本当に生前の親鸞を考えますと、ある時期から以降はお経も読まないし、仏像もかざらないし――まあ、どういう格好をしてたかはわかりませんけども、僧侶らしいことは何もしてないとぼくには思えます。

それでいて『教行信証』みたいな著作は、内緒で書いていた。つまり生前に誰もこれを見たり、こんなものがあると思ってなかったんでしょうが、そういう意味では書かれてることすら誰も知らないというようなものだったんでしょう。あれは〈信〉の書でもあるかもしれませんが、大変な〈知〉の書で、ある意味で仏教の浄土門を集大成してるところがあるわけです。こういうものは内緒で書いてるといいましょうか、つまり公開しないで書いています。弟子や信仰者に対してはお経も読む必要ない、名号をとなえるだけでいいというふうに説いているわけですし、自分でもそうふるまってるのに、内緒でどうして『教行信証』みたいなもの書いちゃったのかということはたいへんな謎のような気がするのです。

ぼくの理解の仕方では、むしろ親鸞のなかにある〈知〉といいましょうか、〈不信〉といいましょうか、その場所に『教行信証』というのは位置づけたほうがわかりやすい。あっさり割り切れるような気がしてるんですが。

正定聚・真仏土・自然

佐藤　正定聚になって、正定聚として持つべきくらいといいますか、それと『教行信証』で浄土思想を極限まで追いつめていって出てきた、真仏土――飾りのある、色も形もある装飾のゆたかな、浄土門のふつうの人々が思い描いている浄土ではない、真仏土という、その意味では非常に奇妙なものを『教行信証』のなかで刻みだしてくるわけですね。そうした真仏土の性格と正定聚というあり方とは、ある対応関係があるというふうに……。

吉本　多分あるんだと思います。ぼくは決してそれを突きつめているわけでも何でもないんですが、多分それはあるのではないでしょうか。

書簡のなかで正定聚について説いているひとつに、弥勒菩薩みたいな自力でもって修練していった菩薩では、たいへん長い時間たたなければいけない位だけれども、十八願の他力の〈信〉にすっと入れたら、弥勒とほぼ同じところにすっといけちゃう、そういう位なんで、この位は浄土の仏そのものじゃないけれども、浄土の仏にすっと直通してしまう。そういう場所なんだという、とても微妙な言い方をしています。『教行信証』のなかで化土と真仏土というものをどういうふうに区別しているかということともたいへん関わりがあると思います。それから涅槃経みたいなものをもってきて最後のことをいっちゃうところと、そうじゃないところとあって、そこがやはり構造的に関連があるんじゃないかと思えるんです。そこのところわからないですね。

そのところがぼくらの考えや探索の及ばないところだと思います。

佐藤　『教行信証』における涅槃経の引用についての吉本さんの指摘は、私にとって非常に示唆的だったんですが、涅槃経の引用は、真仏土の巻と信の巻が多いというふうに指摘されていますね。涅槃経に特長的なのは、〈空〉というか〈無〉というか、そういう表現によって、究極的なありようを説くことだといっていいと思いますが、仏土というか、浄土を、どんどん究極まで突きつめていくと、飾りが全部とれてしまって、結局〈空〉とか〈無〉とか、そんなような言葉でしかいいえないものとなってくる。

そこをとり出してきたところでは浄土門の浄土思想を乗りこえて、吉本さんもこの点について指摘しておられますけど、もともとの仏教といいますか、そういうところへ戻っている。そういう意味では、いわゆる浄土門のほうが仏教のなかでちょっと特殊なところがあるのに対して、浄土門を通って、浄土をもう一ぺん究極まで突きつめることによってその核にあるような〈空〉とか〈無〉とかみたいなものにたどりついていく。

そして、片っ方ではそれに対応するこちら側のあり方として正定聚みたいなありようが捉えられてきて、その正定聚と〈空〉〈無〉とをつなぐものとして至心の〈信〉といいますか、〈信〉という形態をそこへもってくる。純粋な〈信〉といいますか、一〇〇パーセントの〈信〉みたいなもののみが、そうしたありようを現実のものたらしめる。そんな関係というふうに考えて……。

吉本　そこはいちばん肝心かなめなところのような気がするんです。

佐藤さんが詳細に論じておられましたが、「自然法爾章」というふうにいわれているもののなかで、〈自然〉ということと〈法爾〉ということとを、とてもよく説明しますね。それも佐藤さんがよく追究しておられたことです。〈自然〉というものを説明する場合には行者というか信者というか、〈信〉を持った人の側からの〈自然〉、それから〈法爾〉という場合には弥陀仏の誓いだ、つまり第十八願だということを主体にして、〈自然〉を説いているときに〈法爾〉という概念が出てきますね。

そのあとで、〈自然〉というものが結局無である、無形でかたちのないものだ、これはやっぱり涅槃経の立場と同じで、仏教の究極的な思想だと思いますけども、つまり〈自然〉というものが無形であるという、そういう考え方に到達するための手段、「料」という言葉でいってると思うんですが、その手段である「料」が弥陀仏ということだと説きます。本当に〈自然〉ということをいってしまえば、それは形のあるものでもなんでもないんだ、形のないものなんだというふうにいってしまっていますね。

その二番目にいっている、そこが、いちばん微妙に浄土真宗的な立場と、仏教自体の本質的な場所とを、親鸞がつなごうとしているところで、大きな問題になってくるような気がするんです。

〈自然〉という親鸞の考え方は、ある個所の使い方では、たいへん便宜的に使っているようにみえますし、あるところではとても厳しい概念で使っているようにみえるんです。いずれにせよ、そこのところが仏教の本質的な立場と、それから浄土教、特に浄土教の、今流の言葉でいえば解体の極限みたいな親鸞の〈自然〉という概念をどうやってつなげるのか、どう橋を渡すのかが、いちばんよく現われてきているんじゃないでしょうか。〈自然〉というのを〈無〉にしちゃうといいますか、無上仏みたいなこととつなげてしまう考え方があって、それが親鸞にとっては、本当は重要だったんじゃないかなと思うんです。そこらへんのところはどうなんでしょうか。つまりお弟子さんに問うたり問われたりしている次元では、あんまりふれないですましてきたことで、ただ独りごとみたいにいってるところでは自分の思想としての考え方をとことんまで出しちゃう。そこでは相当厳しく〈自然〉と言う考え方を〈無〉に近づけてつなげてしまうことをやっているような気がします。

称名念仏と至心の〈信〉

佐藤　浄土がまったく色も形もなくて、〈空〉みたいなものになっていくと、それじゃあまったくこっち側の衆生とつなぐ通路がなくなってしまうではないかというときに、ひとつは光のイメージと、もうひとつは「南無阿弥陀仏」という称名の言葉になって、それが唯一のルートとなる。それによってこちら側と真仏土とがつながっているみたいなところが親鸞のなかにある。つまり、称名念仏というかたちで、「南無阿弥陀仏」という言葉において、無上仏とこちら側がつながってくる。その言葉のみというところが、親鸞においてつきつめられた浄土宗の極限という……。

吉本　そうですね。佐藤さんのいわれるとおりだと思います。念仏称名ということでは法然の思想を、親鸞はもっと徹底さしちゃったと思うんです。

明恵上人とか貞慶とか、そういう当時の、念仏に批判的な、すぐれた僧侶たちから一様に本質的につかれたのは、どうもそこのような気がします。名号をとなえることがどうして浄土と他力の〈信〉の人とをつなげるかけ橋になりうるのか、ということを多分いちばんつかれたと思うんです。

明恵みたいな言い方をすれば、慈悲の心というのがあって、それがおのずから名号をとなえるという行為、つまり言葉になって現われるというのが本質的な考え方であって、法然たちがいってることはただ形のうえで、口だけで、つまり言葉だけで名号をとなえればいいといってる、それは仏教をあやまるものだ、という批判だったと思うんですね。その批判は本質的な批判で、ある意味でいちばん痛いところをついてるような気がします。

法然の答え方だったら、それは言葉でとなえるのはいちばん易しいんだ、といえばいいのかもしれませんが、親鸞の場合にはそれほど簡単じゃなくて、いかにして浄土と、他力の〈信〉の人、修練もなにもしない人をつなぐ絆が、言葉だけでありうるのか、とても重要な問題だったと思います。

明恵はまず内容があってというか、慈悲というものがあって、それが名号になって出てくるんだ、つまり内面があっておのずからそれが発露して言葉になって出てくるんだという批判の仕方だと思うんですが、親鸞は「自然法爾章」のところでもそうですけども、微妙に説明しているところは、そういう概念じゃなくて、行者が名号をとなえるというふうになったとすれば、それはすでに弥陀仏の光みたいのが、それをそうさせてるんだという概念だと思います。だから内面があって、その発露として言葉があるというんじゃなくて、言葉が発したときにはもう、弥陀仏の光みたいなものがちゃんと射していたことを意味するので、そこでは原因があって結果がある、あるいは内面があって外面への発露がある、と考える考え方は、成り立たんのだ、というふうにいってると思います。親鸞はそう考えて、それで名号ということを擁護して、その存立の根拠を考えている気がします。

そうすると、摂取ということは信者のほうが至心に信じなければ、摂取というのはありえないわけだけれども、逆にいいますと至心に信ずるだけで摂取はありうるといってるわけです。それだけでありうるという意味が成り立つためには、やっぱり摂取と名号をとなえる、あるいは信ずるということの因果関係は、いずれとも分かちがたいものだといいましょうか、原因があとで結果が先なのかもしれないし、結果があとで原因が先なのかもしれない。そこのとても微妙な弁証みたいなのが親鸞のなかにあるような気がするんですね。

そこはしかし本当はよくわからない。つまり「ほんとかねえ」っていう（笑）。そういうふうに理屈をつけても、ぼくは不信だから、どっかで「ほんとかねえ」というのがあるんです。その「ほんとかねえ」というのが出てきちゃうってことは、多分弟子たちも出てきちゃったことはあるわけでしょうし、それから『歎異抄』を信ずるならば、親鸞自身も「ほんとかねえ」というふうに思った瞬間があるんじゃないか（笑）、という気がします。

そこは本当はよくわからないところで、もっと佐藤さんがやられているように緻密に、傍証から固めていって攻めていかないと、本当はだめなんじゃないかなと思います。これはぼくらみたいなのにはできない。どうしても直観的に、それ本当かね、というふうになっちゃう。また「ほんとうかね」という疑問を出すから、不信なんだというふうに、逆にいわれてしまえばもうそれまでという感じがいちばんするところです。

佐藤　ほかの行だったなら、称名念仏に比べてとにかく手ざわりというか、かたちがあるんで、そのぶんだけ向こう側の世界に対して、不信感を起こさせないですむんじゃないかと思うんですが、そうした行を撰択によって、どんどん捨てていくと、そのこと自体、人々のなかに〈不信〉を突出させるといいますか、不安にさせるところがあるんじゃないか。そして称名念仏のみといったときは、〈不信〉はある意味で極限にまでくる。その極限にまでひとびとをもってくるということが、称名念仏の、まあ意味だというとおかしいんですけど、どうもそれがある。そこのところでさらに〈信〉へと逆転が生ずるとき、その〈信〉が、至心の〈信〉ということになる。

しかし、至心の〈信〉となると、親鸞は、本当のところ、自分に即して考えたとき、至心の〈信〉の念仏をとなえることがあると思えたのかどうか、そう思っていたかどうか、ぼくは正直いってちょっと疑問なところがあるんですが。

吉本　ぼくもそう思いますね。

親鸞というのはほんとにつめていっちゃうと、この人は一念義の人じゃないのか。一念義の人であるならば、つまり幸西がそうであったようにやめちゃえばいい。信仰なんてやめたって同じことなんだということになりそうな気がするんです。何かがあって、一念義以外の念仏、やっぱり名号念仏として出てきちゃうものを何かずっと生涯ひきずっていきます。

言葉では仏恩に対する報恩の念仏であっていいんだというふうな言い方をするけど、報恩とかなんか、そんな簡単なことでなくて、一念でいいんだ、決定的な念仏一回でいいんだというふうに、本当は決められるべきはずのところが、どうしても自分でも決められないで、生涯ひきのばしてしまったというところがいつでも親鸞が自分にもっていたところなんじゃないかなと思います。それは逆にいえば佐藤さんもいわれるとおり、一念でいいんだという、その一念の念仏を、本当はやらなかったために、やれなくて何か残ってしまったものだから、やっぱり生涯ひきずることになっちゃったというふうに、とればとれるんですね。

理路のうえからいったら、どうしても一念義でいいんだというふうなところに、親鸞の他力のなかの他力みたいな考え方を詰めていったらなっちゃうはずなんだけど、実際問題として親鸞はそれができなかったわけですから、やっぱり心から信仰した一念ということは、親鸞自身もできなかったんだと、いえばいえるでしょう。

そういうことと、法然だったら、名号をとなえるということは、ほかの行に比べて易しいからだとか、ほかの行を考えると不平等が起こるからだとか、さまざまな相対的な根拠でもって言ってきています。親鸞の場合は多分そうじゃなくて、念仏のほかはもちろん何もいらないのであるし、また念仏のほかに何かしてしまったらだめなんだということも、含まれていると思うんです。

しかし、念仏以外のいいことなんかしてしまったらだめなんだ、といったら、それはもう〈信〉じゃない言い方のような気がするんです。親鸞はまあ間接的にはいろいろ、そうとしか思えないことをいってるけども、本当はあからさまにそういうことは言わないでいるんです。もっと剝がしていけば、念仏だけでいいんだということだけじゃなくて、念仏以外のことを少しでもしたらもうだめなんだという排除が、親鸞の念仏の概念のなかにあるような気がします。

そこまでいくと、なんか親鸞が至心に信仰すればということができていたかどうか大きな問題になっちゃうでしょう。そこはどうでしょうかね。

佐藤　吉本さんが『最後の親鸞』で書いておられたと思いますが、南無阿弥陀仏をとなえれば、それで往生できるんだ、というのにはどこかにかすかな自力のにおいがするといっておられるのですが、あれは本当にそうではないかと思います。どうも、親鸞のいうところをそう捉えたのではいけない。法然ですと、そこのところは、とにかくとなえればいけるんだと。そこで余計な反省をしないですんでいますけれども。親鸞ではたしかに称名念仏しかない。こちら側のひとびとにとってはたしかにそれしかないんだけれども、それをとなえている自分は、まあきつい言い方をすればやっぱり自力である。だけども、念仏しかない。自力の念仏をまあとなえるしかない。だから、となえて、となえて、となえていったら、転換がどっかでひょっと来る。自力の称名念仏は、〈不信〉を突出させるとすれば、その極に、至心の〈信〉が来て、それで南無阿弥陀仏が、本当の他力の南無阿弥陀仏になるときがあるかもしれない。こっち側から、つまりもうなにかの行為をするしかしようのないひとびとの側からいったら、そうしたありようしかないところへ来てるんじゃないか。

だから親鸞は他のさまざまな浄土門の人たちと、外見はまったく同じことをしている。何らかの特別な行為、特別な称名念仏の形態とか、そういったものは何もない。称名念仏をさまざまな浄土門の人たちと変らないかたちでやるしか、外側に現われてくる行為のありようとしては、持っていないところにいる。そういうところにいて、いわば頭のなかの観念のほうは、〈不信〉から〈信〉への逆転が生ずる、というような感じもするんですけれども。

それを、阿弥陀仏の側からいくと、つまり親鸞における向こう側から説明する論理からいくと阿弥陀仏が五劫思惟で非常にながくながく考えて、〈空〉のような〈無〉のような、あるいは石ころみたいな沈黙の絶対の究極のありようとこちら側をつなぐものとして「南無阿弥陀仏」という言葉、名号をつくりだしたんだ、そこを信ずることなんだ、というかたちになる。いずれにしてもこちら側の行為としては人々とおんなじように、ごくふつうの人たちがやってたような、割と素朴な、「南無阿弥陀仏」という節のついたものしかありえないのではないか。

至心の〈信〉においてとなえられる「南無阿弥陀仏」といっても外側からみてなんか非常に特殊なありようがあるわけではない。向こう側からすればたしかにそこに非常に断絶があるわけですけど、それは、こちら側には全くといっていいほどわからない。親鸞はひとびとがやる口称念仏というものと、いずれにしても何ら変るところはないと思いつめてたから、そういうかたちでひとびとにも相対していたところがあるんじゃないかなあと、思ったりもするんですけれども。

吉本　なるほどね。

理路を微細にたどる和讃

佐藤　ちょっと話が戻るんですが、親鸞が『教行信証』のなかで、理路を微細にたどっていくときに、もっぱら理路をまっすぐ前へ前へとたどることにのみ傾注してて、他を見向きもしないというようなところが、『教行信証』という書物の特徴ではないか。

ふつうの思想家ですと、ちょっとたちどまって、まあ自分がここで見た景色を書くとか、ということが、ごく自然にあるように思うんですが、そして、それが書物を書くことであるように思うんですが、親鸞はひたすら前へ前へとたどるということになるんで、そこが『教行信証』がふつうの書物と違って経典の引き写しというかたちになる。

まあ非常に奇妙な書物だと思うんですが、経典の肝要なところをそっくりそのまま書き写すということは、吉本さんの言葉を使わせていただくと、実は理路を微細にたどってるわけですね。たどることに全身を費している。精魂をこめている。そういう意味では非常に不思議な〈知〉のありようというか、〈知〉はふつう、とまって見るはたらきだと思うんですが、それがとまらずにひたすら前へいくという、そこがさっきおっしゃった〈信〉と〈不信〉との揺れに関わってくるのかなと思うのですが。

吉本さんは和讃の非詩的な性格ということをいわれているわけですけども、和讃も、吉本さんの表現を使うとどちらかといえば、非詩的な、いわば理路をあくまで微細にたどる和讃ですね。『教行信証』でやっていることを和讃のかたちで語っていくわけで、そのためにふつうならば当然詩になっていくはずの部分をほとんど持たない。その点で、どこかに、『教行信証』のありようと共通点があるようにも感ずるんですけれども……。

吉本　和讃は親鸞以外の宗教家には全然考えられていないものでしょうかね。

佐藤　ぼくもあまりよく知らないんですが、伝承としては源信あたりから始まったといわれているらしいですね。浄土門では、和讃は割によく使われていた、というかごく一般的な教化法、教えの伝え方としてあったようなんですが、親鸞になると、浄土が色も形もなくなったこともあって仏像のような、あるいは迎講といったようなビジュアルな、美的な形象に訴えることが難しくなって、いわば称名念仏に類するものとしての和讃に対する比重がより一層重くなる。

言葉と音楽といっていいでしょうか、それを通じてたどっていく、その一つとして和讃が……。

吉本　親鸞の和讃は、これを四行の詩だと考えて、芸術的な価値を問うたとしたら、もうゼロに近いものじゃないかと思われますね。

だけども教義あるいは教理というものを簡明に要約して、ひとつの形式のなかで表現して、その要約が教理をはずれることがちっともない。また高僧和讃のようなものも全部含めて親鸞の教義の逸脱のない圧縮になっている。そう考えたら、一種の短い経典に該当するくらい、たいへん見事な要約なんじゃないかなという気がします。

そうすると、和讃は時宗みたいに本当の歌になったり、音楽になったり、踊りになったりというようなところに展開していく可能性はちっともない。内省を強いちゃうもので、ちっとも歌や踊りとか、感覚的な解放ができあがるというようには考えられないのが、たいへん特徴のように思います。

逆にいいますと、教義のちっとも逸脱がない要約が、四行ぐらいの形式の連作のなかに全部入っているという意味では特異な短い経文を、経文としての形式をはみ出して作ったと考えてもいいような、なんとも奇妙な性格のもののような気がします。

佐藤　先日、五来（重）先生から非常に興味深いお話をうかがったところから、ぼくなりに妄想してみたんですが、親鸞は叡山で堂僧、つまり詠唱念仏をやるコーラスボーイのようなことをしていた。親鸞は非常にすぐれたメロディ感覚をもっていて、それを叡山で磨いてきたんじゃないか。そうしたメロディを越後や常陸へ持っていって、むしろそういう部分で人々と接してったんじゃなかろうか。そんなふうに勝手に五来先生のお話を解釈したんです。

で、和讃というものも口称念仏と同じにそういう、まあメロディをもったものですね。だから口称念仏同様、もしかしたら、親鸞が叡山で体得した、いわば高踏的なメロディをもつ和讃といいますか、吉本さんがいわれたように、こちら側のひとびとの感情をうたうんじゃなくて、むしろ天上から来る音楽のようなメロディをもつ和讃だったかもしれない、と思うんです。だから経典論釈を祖述していくかたちの歌詞でそれにのるメロディですね。そういうメロディの凄さというか、それを親鸞の和讃というのは、そのまま歌詞の形というか、言葉でももっているところがある。

それが親鸞和讃の大きな特徴で、だから、いまいわれたような念仏踊りのような踊りには決して展開していかない。そのままではこっちの歓びにならないですから、決して解放にはならない。

吉本　それはユニークで、ハッとさせられるような考え方ですね。

佐藤　今まで非詩的な和讃というのが、『教行信証』と同様、どうももうひとつよくわからなかったんですが五来先生にうかがったことがヒントになって、そう考えると少しはわかるかなと……。

吉本　いや、それは本当にびっくりしますね。つまり、自分に引き寄せちゃうから、あんなもの読んだからって、ちっともおもしろくもないなっていう感じがして（笑）。

よくよく読めば、これは相当見事な教理の要約になってるなというふうに思いますけれども、これはおもしろくはないなとしか感じない。だけど、そういうふうにいわれてみると、たいへんよくわかるところがありますね。

『歎異抄』第二条の位相

佐藤　『歎異抄』について吉本さんがおっしゃっておられることを、ぼくなりに整理してみたんですけれども、ひとつは宿業の問題がある。吉本さんはそれを「不可避」という言葉を使って捉えてらっしゃるんですが、その不可避であるものを『歎異抄』は正面から論じているということが第一点。

それからもうひとつは、念仏をとなえることがはたして浄土へいくことになるのかどうか、ほんとうのところはわからない。あるいはまた念仏をとなえることもとなえないこともおのおのの心のままだというかたちでわれわれに戻してくる、その問題の二点だといっていいかと思うんですが。

不可避なるものについていうと、宿業的存在というか、不可避を背負った存在というのは、〈信〉〈不信〉の観点からすると、これは〈不信〉なる存在のありようということでよろしいでしょうか。どこまでいっても至心の〈信〉ではありえないのだということ、その不可避性ですね。そういってもいいのでしょうか。

吉本　『歎異抄』は全部が同じ時期に書かれたものかどうかわからないくらいに、いろんな要素が入っているような気がします。

はじめのところは親鸞がこうしゃべったということをまあ筆者がいきなり親鸞の言葉だとして述べていますし、中間のところにいくと、唯円があるとき自分はこういうことを聞いた、たとえば念仏をとなえてもちっとも歓喜もおこらないのはどうしてでしょうか、というようなことを訊ねたら、それに対して親鸞がこう答えたというようなな、つまり問答みたいなものがありますね。それから終わりのほうになってくると、唯円自身が親鸞の考え方はこうだったというふうに思っていることに基づいて、自分が浄土真宗の教義を自分の言葉で述べているというふうに思えるところがありますね。だからかなり複雑な本だと思います。

このなかで、記憶が正確であるかどうかとか、筆者の主観が混じってるか混じってないかということは、いろいろ問われざるをえないでしょうが、完全に親鸞の言葉だといって述べているのは第二条の「おのおの十余ヶ国のさかひをこえて、身命をかへりみずして、たづねきたらしめたまふ御こゝろざし……」が典型的だと思います。

これは親鸞がそういう言葉で言ったという位相で書いてるわけですから、どんな誇張とか変改が筆者によって行われたとしても、およそこのようなことを言っただろうということだけはいえるとても純粋な個所じゃないかと思います。これは筆記者唯円の創作とは到底思えません。表現は違ってもこのようなことを親鸞が言ったに違いないと思えることですね。

この第二条のところで相当はっきり、たとえば念仏は浄土にいく種であるか地獄へ墜ちる業であるのか、それは存知しない。自分は知らないというようなことを言いますね。それからまた、いずれの行も及びがたい自分の身だから、地獄というのは一定自分のすみかだと思っているというふうに親鸞が言ったとして、その言葉が書いてありますね。

するとこれは親鸞がおこって癪にさわってこういってるのかどうかわからない。つまり憤慨しながら説教してるのかどうかわからないんですが、でもこの種のことを言ったということは、おおよそのところでいえるような気がするんです。それから「このうへは、念仏をとりて信じたてまつらんとも、またすてんとも、面々の御はからひなり」というふうに言ったということも、全然フィクションだということは考えられないですから、多分それに近いことを、言葉は違っても言ったにちがいないと思えるんです。

こういうことを言う親鸞のなかにある〈信〉と〈不信〉の一種の兼ね合いといいましょうか、それは一体どういうふうに理解したらいいんだということが、やっぱり根本的には『歎異抄』のかなめにあるような気がします。

『歎異抄』のなかで、この第二条がいちばん核心だとすれば、肝心なことは、ある事柄について自分の考えを述べた。その考えを述べたら、それを述べた言葉ないし声を聞いた人にとっては、それが反対のことをいってるんだな、というふうに受けとれた。そういう言い方というのがもしあるとすれば、そこのところが〈信〉と〈不信〉についての、親鸞にとっていちばん重要な問題であるように思います。

だから、あることを言えばいうほど、ほんとは反対のことを言ってるんだというふうに、ひとからはどうしても受けとられざるをえない。逆にあることを言いたくない、ほんとは逆のことを言いたいときに、それをそのように言うと、受けとる側は逆な意味にちゃんと受けとれるんだという、そういう言葉の言い方の構造があるとすれば、それは多分親鸞のなかにある〈信〉と〈不信〉のあり方というのをいちばん象徴してるんじゃないか。そこが親鸞の思想の、あるいは『歎異抄』のなかのいちばん重要なことのように思われます。

もっと極端にいえば、親鸞が反対なことを言えばいうほど、たとえば地獄は自分のすみかなんだ、あるいは、念仏を信ずるも信じないも、あなたたちの自由なんだ、というふうにいえばいうほど、やっぱり、念仏というのは信ずべきいわれと自然さと、それから根拠というのはあるんだよ、というふうに、聞く人には聞こえる。そこのところの問題が、どうも親鸞がどこまで本当は念仏に対して自分が〈不信〉であるということを自分でよく知っていたか、だけれども自分は念仏に対して、どうしても最後には〈信〉というのは残ってるんだという、そこをどこまで追いつめたかということが、そこでいちばんよく現われているんじゃないでしょうか。

唯円という人もたいへん個性の強いすぐれた人だと思いますから、親鸞がこういったんだという言葉も、随分濾過された書かれ方をしてると思います。でもいくら濾過してもほぼ同じようなことは言ったにちがいないということはいえそうに思いますから、ぼくは『歎異抄』のなかに、親鸞がそのときしゃべった声も含めていえば、親鸞の信仰あるいは不信というものの核になる、奥深い問題が出てきているとみるのがいいんじゃないかな、という感じをもちます。

佐藤　第二条については、吉本さんが指摘されたように、ひとびとに対して腹をたてたためであるとか、あるいは人を見て法を説くことが根本にあって、それでわざとこういう、つっぱなしたような表現をしたんだとか、いうように解釈されることが多いんですが、やはりいま言われたように、そうではなくて、親鸞が心のうちをすっといちばん素直に見せて語れば、おそらくこういうかたちになるんではないかと思います。『歎異抄』はほんとに文と文との間の空白の多い書物ですから、どう読むかが大きな問題なんですが、感じとしてはほんとにそのような気がします。

唯円の個性も多分にあずかっているんだと思いますが、年老いた親鸞が若い唯円に向かったときに、こう、ふっと顔をあげて、ごく自然に何のけれんもなくすっと語ってるように感じます。その自然さはおそらく親鸞の内面での〈信〉と〈不信〉との葛藤の深さから、そのおのずからの結果として出てくることであって、何かの外的な契機によるといったものじゃないんではないか。

第二条については了祥以後、善鸞事件が背景にあるといわれることが多いんですけども、どうも了祥の解釈は考えすぎのように思えます。そうではなくて、おそらく一回目に会ったとき、つまり唯円が常陸から京にのぼってきてはじめて親鸞に会ったときの、親鸞のありようじゃなかろうかというような気がしてならないんですが……。

吉本 そうですね、ぼくもなんか核のところで『歎異抄』を考えるとすれば、佐藤さんのいわれたと同じような考え方を、とりたい気がするんです。

石田（瑞麿）さんのように、徹底的にこれを疑って徹底的にこれを解剖していって、いってみれば全部怪しいぜというふうな解剖の仕方もありうるでしょうが、多分こういう操作を全部やってもなおかつ第二条に象徴されるような声と言葉だけはどうも、表現は違っても残りそうな気がするから、そういうふうに全部出してみたらこうなっちゃったという、無意識も含め、それからまあ聞こえはしないんですが親鸞がどういう声を出して、どういうふうにいったみたいなことも含めて、本音といいますか、本当のところが出ているとみたほうが、いいような気がいたします。

佐藤　そうですね。

不可避なるものと阿弥陀仏

吉本　いつでも思うんですが、親鸞の教義の声でいった言葉、つまりしゃべった解明になっているんですけども、同時に親鸞の人柄みたいなものも出てきちゃってるように思います。たとえば縁《えにし》があれば同じように一緒に伴っていくんだし、縁がなければ、それはもう別々になるんだ。そんなふうにいくというだけで、べつにあれはおれの弟子だとか、あれはおまえの弟子だとかということもいらないわけだし、また自分に背いたからといってその人を誹謗したりすることもいらない。その人はその形でやっぱりいくんだから、というようなところがありますね。

そうすると親鸞の教義といいますか、真宗の教義である〈自然〉ということをいってるようにみえて、それだけじゃなくて、なんとなく親鸞の性格というのはそうだったんじゃないのかなということまで、入ってきちゃうような気がします。それはやっぱり会話の言葉であったり聞き書きに類した、しゃべった言葉だったから、なんかそういうのが出てきちゃうんじゃないでしょうか。

佐藤　親鸞の言葉には、ひとびとがそれぞれに背負ってる不可避なるものを洗いだして、それをそのままにあらわすところがありますね。面々のはからいなんだとか、つくべき縁があればつくのだし、なければ離れるんだというあたりにそれがよく出ていますね。

まあふつうだとそこのところでそうでないようになんとなくベールをかぶせるんですが、親鸞の言葉は、いわば容赦もなく、といってべつだん肩肘をはるんでもないんですが、ともかくきれいに洗いだしてしまう。そして、それでどうするんだ、と問いつめるところがある。そこで念仏、というような、そういう感じがしますね。

そういう不可避なるものをいつも感じとる感性というのは、とてもふつう並み大抵ではありえない、内面でつねにくりかえされている葛藤のみが可能にするんではないか、という気がします。

吉本　それは、ちょっと凄いことなんじゃないかな。たいへんな人で……。たいへんな人ということは、唯円が十分にうつしだしている気がします。

唯円との問答のなかで、念仏となえても踊躍歓喜の心がおこってこないのはなぜだろうかと訊ねると、それに対して親鸞は、自分もそうだというような答え方をしますね。自分もそうだということは、そんな簡単に言葉だけではいえないと思うんです。

だから、どうしても親鸞が念仏名号ということをよく考えて、あるときは念仏をとなえることがちっとも乗り気でなくてとなえている自分とか、乗り気でとなえている自分とか、形だけ口でいってるだけで、ちっとも気持ちなんか入ってないでとなえた念仏とか、そういうさまざまな体験を自身していて、それを自分でよくよく内省的に考えたり感じたりしていって、とことんまで徹底してやったんだろうなという実感が出ています。

それで結局は煩悩があるから、本当はわいてくる歓喜もわいてこないんだということだから、なおさら十八願ていうのは信じられるということになるじゃないか。つまり弥陀の誓いというのは信じられることになるじゃないかという。

それを引きのばしていって、要するに力が尽きて娑婆の縁が終わったときに、多分これは年老いて、いってみれば自然死のように死がきたら、そのときに死というのは迎えればいいので、べつにそれ以外のものじゃないのだ、というふうにいってしまう。

それじゃあべつに信仰がない人だって、自然に年とって自然死をするというくらいなら誰でもできるじゃないか、誰でもやってるじゃないか、ということになってしまいます。

そこで信ずる者と信じない者とは、イコールになってしまうわけですが、ただこのイコールはひとまわり、三六〇度を回ってきたイコールだから、ただのイコールじゃない。同等じゃないから、やっぱり自然に死すべき時が来て、自然に現世との縁が尽きたとき死すればいいのだという考え方は、大変なことなんだなということが、わかるような気がするんです。それを唯円はとてもよく再現していると思います。

佐藤　阿弥陀仏の側からみたときに、〈信〉〈不信〉の葛藤をずっと経つつ、自然死までいった人と、無知の人、愚の人つまり〈信〉〈不信〉の葛藤に全く無縁な人とは阿弥陀仏の目からみたときには、やはり同じになるのかどうか……。

こちら側にいるわれわれとしては阿弥陀仏の目というのはあくまで想定で考える他ないのですが、そして親鸞はそのことをよく承知していると思うんですが、……いずれにしてももしそういう視点を用意するとしたらばどうなんでしょうか。やはり基本的にはどこかで同じになってくる……。

吉本　ぼくらみたいな〈不信〉の側からみたら、結局おんなじじゃないか。つまり、おんなじじゃないかということを、おんなじだと、こういうふうにいったんじゃないか。そうするとやっぱり〈信〉というものも〈不信〉というものも、結局はおんなじなんじゃないか。だから、もっと極端に追いつめますと、だったら〈信〉というのは無効じゃないか、というところまで走っていっちゃうような気がするんです。

だけれど、多分親鸞が三六〇度ひとまわり円をめぐって、〈不信〉の死と〈信〉の死とは、死の形態においてというか外形においておんなじじゃないかというところに到達した。そのことに親鸞の〈信〉という問題があると思うんです。

その〈信〉というのは、外見的には不信の人の死も信仰者の死もおんなじなんだけども、しかしそれは本当いえば三六〇度、正反対のように違っているんだということを、親鸞はいいたいのでしょう。なぜ違っているのかというのは、結局自然の〈信〉というものの効力ということでもありましょうけども、逆にいえばそれこそが浄土の摂取といいましょうか、阿弥陀仏の摂取ということがひとまわり違わしているものなんだということに親鸞の教義からはなるわけだと思います。

つまり、阿弥陀仏の摂取ということでなければ三六〇度の違いということはありえないので、たとえばそれは七〇度の違いだとか八〇度の違いだとか一八〇度の違いだというふうになってきて、そうするとそこでは、あの人は偉い坊さんだから、死に方はまことに見事であったとか、そういうことになったりする。凡人の死に方とは違っていた、もっとさまざまな死の際の瑞相があらわれたとか、あるいは阿弥陀仏が観音、勢至を率いて迎えに来た、というふうになるわけでしょうけれども、親鸞はそれは不完全な慈悲か、あるいは不完全な他力であって、ほんとうの〈信〉とほんとうの摂取というのはそうじゃない、外見はまったく凡俗と同じ死にざましか起こらないのだ。それだけれども内実は三六〇度違っているということが、まあ結局親鸞がいいたいことじゃないかなあ、と感じます。

佐藤　親鸞はきっと、いま吉本さんがおっしゃったことを思い当たってると思うんですね。やっぱり最後のぎりぎりのところへきたときに、阿弥陀仏の眼からみたらば、おそらく同じであろう。何の違いもないのではないか。その恐れというか不安みたいなものが親鸞にはある。それが親鸞をしてたじろがせる。

それが親鸞のなかで屈折した回路を通って結局念仏をとなえてもいけるかどうかわからないのだ、という言葉となって出てくる。

その言葉がひき出されてきてるときには、おそらく親鸞は阿弥陀仏の目、衆生すべてをひとしく救わんとしてる目を想い浮かべている。そこからもう一度、光と名号を考え出した阿弥陀仏のありようをなんとかして辿ろうとしている。くりかえし、そこへいっては、辿ろう辿ろうとする……。

吉本　佐藤さんのいわれる理解というのは、わかる気がするんです。親鸞というのはたいへん苦しみもがいて死んだみたいな伝説がどっかあるわけで。（笑）

その師匠である法然も特別瑞相もなにも現われずに死んだ、どうってことはなかったというふうに書かれたりしていると思うんです。法然自体は結局、臨終の際は苦しくて念仏となえてる余裕なんか全然ないかもしれないんだから、臨終の念仏に特別の重さをかける考え方はあまり重要じゃないんだ。つまり源信の考え方にある臨終の来迎とか臨終のときにとなえる念仏には特別の意味があるみたいな、そういう見方は本当はだめなんだということを、なんか生理的な死の予想といいましょうか、たいへん苦しいにちがいないんだから、そんなことしてる余裕がないみたいな言い方で法然はしていますね。

そうすると親鸞は、たしか書簡のなかで死にざまがどうだということについて、なんか言っちゃいけないんだというようなことを書いてると思うんです。ただ精神が狂ってる人の死にざまは、それは何かの宿業というようなもののひとつの現われなんだけれども、それ以外の病苦というものがどういうふうに死にざまをもたらすかということは、あんまり何かいうのは意味がないんだみたいなことをいっています。

だから具体的な意味では死の様相みたいなものに、法然がこだわったようにこだわっていますし、また自分が、たとえば特別な死にざまをできるとかするとかというふうに、少しも確信できないで、いつでもそれはわからないというふうに思ってた。

逆にちょっと違うところに死というものの本質みたいのをおこうという考え方をとったように思います。だから親鸞自身は相当そういうことに対しては不安とか疑いとかいうのを持っていたんじゃないかなと、本当にそう思います。

佐藤　やっぱり〈信〉と〈不信〉との間を揺れ動きつつ年老いて、それでそのまま死を迎えていく以外にはない……。

浄土の慈悲と還相の眼

吉本　だから、ほとんど〈信〉と〈不信〉というものは同等化されていて、浄土と、浄土の解体とが親鸞のなかには同在していて、そこのところで正定というものを考えて、その正定をひとつの死の拠点みたいに考えますと、この「正定のくらい」ということで考えられている死は、肉体の死のあとで考えられるものでもない、されといって現世、肉体の生自体の場所のどこかでもない。

つまり一遍みたいに、生きながら死とおんなじ生き方をすれば、浄土は現世に再現できるんだというような考え方はとらなかったので、親鸞が正定聚あるいは「正定聚のくらい」というところで考えている死は、肉体の死のあとでもないし、肉体の生と同在しているのでもない、何かわかりませんけれども、ある中間といったらおかしいでしょうか。その中間みたいにどちらにも橋がかかっている場所に設定されてて、その場所から見たら生を照らし出すということが大きな問題だったんじゃないか、そんな感じがするんです。

いわゆる浄土教の考え方が、ひとたび浄土へ往って、そしてまた還ってきて衆生のなかに本当の意味の慈悲を発想していかなきゃいけないという考え方を、いわゆる往相と還相として考えていると思いますが、そのちょうど転換点に当たるのが多分親鸞の考えている死というもの、それがまた「正定のくらい」ということで、それは肉体の死でもないし、また一遍が考えてるみたいに生と同在した死とか浄土ということでもなくて、何かそうでない浄土へはすっといけるんだけども、浄土そのものじゃないし、また一遍のように、生きることすなわち浄土という具現の仕方をするということでもない、そこのところから還ってくる光みたいなものを考えると、それが生きていること自体を照らすことができる、そんなところに設定されているように思えます。まあぼく流に考えると、そんなことが親鸞の究極点なんじゃないかなということです。『歎異抄』のなかにも、人々が困ってるとか苦しんでるとか、そういうのを助けようとしても、そんなにきちっと助けられるものじゃない。それは聖道の慈悲であって、ほんとの慈悲じゃない。浄土の慈悲というのはそうじゃなくて、ひとたび浄土へいって還ってきてほんとの意味の慈悲を人々にほどこすことが重要なんだから、だから念仏がいちばん重要なんだというふうな言い方をしていると思います。

そのときに「ひとたびは浄土へいって」というふうなところで、親鸞が本当の意味で考えているのは、ひとたびは浄土へ直通できる正定のくらいのところにいって、そこから照らし出すもし何かがあるとすれば、それが本当の慈悲につながるみたいなふうに考えたんじゃないでしょうか。

ぼくなんかそこらへんのところで、この考え方は一種〈不信〉の考え方で、本当の信仰の考え方じゃないと思いますし、親鸞がそうであったというふうにも思えます。まあ、本当はそうじゃないのでしょうが、ただ〈不信〉の側からそれを見てしまえば、もうそうなるのじゃないかなあ、という感じです。

佐藤　親鸞自身が、正定聚になれたと心から思っていたかどうかというところを描くとすれば、正定聚になって、死んで真仏土へいってそれから戻って来る。向こうへいった人は必ず還相してくるわけですね。還相してこないかたちの仏というか、さとりはありえないんだというところが親鸞にはありますね。

だから現に、たとえば法然みたいな人を仏が還相してきた人、つまり、勢至菩薩の化身なんだと、そう捉えてるところがありますね。

ひとびとは仏になったときに、菩薩のかたちで再びこちら側へ還相してくる。ということは、とにかく人間として、外形的にはごくふつうの衆生のかたちをとってこちら側へくる。すべての人を救いとってしまうまでは戻ってくることになる。仏となっても、大変なんだなと思うんですが、ともかくその意味からすれば法然は浄土の慈悲を体現した人なんだ、というところがある。

浄土の慈悲というのが、とうてい実際にはありえない、どうも空想的な感じがする。仏になっていずれ還って来て、というから随分遠い話のように思えるんですけれども、親鸞にとってはそうではないんですね。親鸞にしてみれば、現に法然のようなかたちで出会っている、という意味でも身近なありようだった、と思われるんです。

そのときの還相の眼というのは、ある意味では親鸞も、さっき吉本さんのおっしゃられたように、あくまで想定するというかたちではあるんですが、持つわけですね。親鸞は自分自身を法然のような、つまり還相してきてひとびとを救う存在と捉えたことはなくて、むしろ往くことでいっぱいだったのだろうけれども、そのことの想定というか、見通しだけははっきり持ったろう。そのうえでの「往く」ということであったろうと思います。

吉本　そうですね。

佐藤　親鸞が、阿弥陀仏の、「すべての衆生を救わずば仏にならず」という十八願において繰返し繰返し考えたことは、そのときの阿弥陀仏の眼だったので、それがおそらく還相の眼だったんじゃないか……。還相してくるというのは、ぼくなんかだと、何で往ったっきりにならないんだろう、〈空〉とか〈無〉の世界に往ききりにならないんだろうかと思ったりするんですが、親鸞にはそういうところは全くなかったとするとかなりつらい思想じゃないかなあという感じがするんですが。

吉本　ぼくなんかが親鸞を理解しちゃうと、すべてが〈不信〉の枠のなかに入っちゃうから、おもしろくないといえばおもしろくなくなっちゃうんです。

　先ほどいいました「地獄は一定すみかぞかし」とか、念仏を捨てるのも取るのも、皆さんのはからいだ、というようなことで語ってみたり、結局地獄は一定自分のすみかなんだというようなことを言ってみたり、ある事柄をそういうふうに逆にいうと、聞く人にとっては逆の意味が出てきます。

なぜそれが出てくるかというのは、多分親鸞のなかにおける還相というものの眼といいましょうか、認識といいましょうか。そういうのがあるから、やっぱりそれが、そういう構造になっちゃうんじゃないかなと思うのです。

たしか書簡のなかで造悪論みたいなのに対する批判みたいなことだったと思うんですが、煩悩具足の凡夫だから、悪をなすこともありうるし、またそれはますます救われるんだ、摂取されるんだというけれども、煩悩具足の凡夫になるということは難しいんだぜと、そういうふうに逆説的にとれるような言い方をしてるところがあると思います。

そうしておいて、だから造悪論というのはだめなんだ、つまり、それならば悪いことをいっぱいして、ますます煩悩具足の凡夫になったら、ますます摂取されることになるんじゃないか。だから悪いことしたっていいんだっていう、そういう言われ方というのはほんとは違うんだといっています。造悪論にたいする批判はいろんな言い方をしてて、薬があるからといって毒を食っていいということはないだろう、という言い方をしたり、いろいろですけども、何かどっかの書簡の言い方で、煩悩具足の凡夫というけれども、そうなるのは難しいことなんだよ、という言い方を逆説的にしていると感じられるところがあります。

そういうのが親鸞が持っていた一種の還相の眼というもののような気がするんです。それは逆説だとかイロニーだとかという言い方で片づけられるようなことなんでしょうけれども、やっぱりそう簡単なものじゃなくて〈還相〉ということがちゃんとできちゃってるところがあって、それが親鸞にそういう言わせ方をするんじゃないか、そんな理解の仕方をしたりするんです。

そうするとどうも、つまんないものになっちゃう気がします。自分でもそれはよくわかるんですが、そこが〈不信〉でだめといえばだめなとこなんだなと思うんです。親鸞がいってる、そういう言い方をしますと、論理のさわり方はなんとなく今ふうな弁証になるのですが、ほんとにだめだと自分でも思うんです。つまり弥陀仏の慈悲とか浄土の慈悲とか浄土の善悪とかというものと、人間の善悪とか慈悲とか、そういうのとまるで規模が違うんだというふうな言い方で親鸞がいってることがありますね。

そのことがほんとは重要なんで、こっちには頭ではなんとなくわかる気がするのですが、ほんとはわからないんだよなあ、ということがあるんですね。（笑）

親鸞にとっては、浄土の慈悲とか阿弥陀仏の考える善悪は、人間の考える善悪なんていうのとまるで規模が違うんだ、だから人間の善悪なんかはほんとの意味での善でもないし、ほんとの意味での悪でもない、大したもんじゃないんだ、というふうに言ったり考えてるとこがあると思います。

そこのところが本当はわからないところですね、ぼくには。そこらへん、どうなんでしょうか。

佐藤　吉本さんの指摘される規模の大きさというときに、ぼくらですと現世だけで考えるけれども、生まれ変わり生まれ変わりしてここにいる自分というかたちでの自分をみる眼を投入してくるようなところがどこかにあるんではないでしょうか。ひとつにはそうした時間に関わる要素が入ってくる……。

吉本　そうなんですなあ。

仏教も古代以前といいましょうか、原始的なといいましょうか、あるいはアジア的なというかわかりませんが、そういう思想のひとつだという考えと、それの重要さはいまの問題でいえば、浄土の規模というのと、原始の人間の演ずる、あるいは行為する善悪の規模とは、まるで違うんだという、その問題を考慮に入れなければ、本当はわからないんだと思います。つごうよく勝手に解釈しちゃうことになるんでしょう。

根本的にいえば、もう古代あるいはそれ以前のところで、だいたい人間の考えることは大抵考えられてる、という感じはぼくらのどっかにあります。（笑）

だからいつでも、親鸞の思想というものを、つまんないものにしちゃうといけないなというのは、自戒としてはあるんですけどね。

いかんせんそれこそ規模が違うというか、〈信〉と〈不信〉はそこが違うというんでしょうかね。そういうところが最後の情なさというか、裂け目みたいなものでして、どうしても残っていくような気がします。

佐藤　〈信〉をいったときにその先にぼんやり見えてくるような、世界についての規模の大きなイメージが、やはりあるんだと思います。そこを親鸞は言葉にしてわれわれに語っている。〈信〉と〈不信〉ということにずっとこだわっていったために、それが言葉になってこちら側に伝えられている。

純粋に〈信〉になり切ってしまったら、さっき吉本さんがいわれたように、もう言葉というかたちになってはこちらに返ってこない。われわれには何ともわからなくなっちゃうんですけれども。

〈信〉の目指してる世界のありように対して、親鸞は、同時代の誰よりも背伸びして、つんのめるぐらいなかたちで、一直線に、過激に行こうとした。その、つんのめるような激しさが、行為よりもさきへいって、〈不信〉をひき出しているというような感じもあるんですが……。

いずれにしても、〈信〉のさきにちらっと見えてくる規模の大きな世界の不思議さみたいなところが、ぼくなんか親鸞を読んでていちばんおもしろいといいますか、惹かれるところがあります。〈信〉にいこうとは少しも思わないまでも、その不思議さには訴えてくるものがあるのではなかろうか、というふうに考えているんですが。

（一九八五年）

佐藤正英（さとう・まさひで）　一九三六年生まれ　東京大学名誉教授

『最後の親鸞』からはじまりの宗教へ

中沢新一
吉本隆明

唯物論と宗教の衰退

中沢 最近、吉本さんの『最後の親鸞』(ちくま学芸文庫)がよく読まれています。初版が出た一九七六年ごろは、吉本さんの本の中では、比較的手に取りにくい本だったように思います。それがいま、とても関心をもって読まれている。

吉本 唯物論の人気がなくなってきたからじゃないですか。(笑)

中沢 糸井重里さんとの対談(『ジッポウ』第三号)で、唯物論が衰退し、その代わりにいまは唯脳論が流行していると言われていた。すべての考えの源は脳だから、今度は脳科学から心の問題を探究しようという。しかし、脳はあくまで一つのハードにすぎませんから、唯脳論では心の問題にはなかなか到達できない。
　吉本さんの親鸞論がいま読まれているのは、おそらく吉本さんの問題意識が、心というソフトの問題に深くふれているからだと思います。加えて、唯物論が衰退したと言われましたが、宗教も衰退しているからではないでしょうか。

吉本　ぼくもそう思いますね。二〇〇七年四月に親鸞仏教センターから頼まれて講演をしたんです（「日本浄土系の思想と意味」）。主催者は、当然ながら自分たちの宗派のことに関心があるわけです。けれども、ぼくは浄土真宗の話は少ししかしない。それで、自分の問題関心のある日本の浄土教の歴史ばかり話すものだから、あまり歓迎されなかった。（笑）

中沢　いま世の中は仏教ブームに見えます。しかし、寺の親でさえ、子どもを仏教系の大学に入れたがらない傾向が出てきています。教団としての仏教はむしろお先細りです。ところが、みんなは仏教の中には何かありそうだと感じて、非常に関心をもっている。真宗教団を近代的な形に改革しようという近代の親鸞論が以前は盛んでしたが、吉本さんの親鸞論は宗教の解体の先に見えてくるものが何かということに焦点を合わせながら、宗教の先にあるものを探っている、みんなそのことに関心があるんだとぼくは思います。今日はお話をしながら、いま世の中に起こっている親鸞に対する関心や、吉本さんの親鸞論に対する関心の核心部についてふれたいと思います。

吉本　中沢さんは宗教、とくに仏教の専門家で、歴史的にも地域的にもいろいろ探究されている。ですから、親鸞から始めて、宗教と日本人、日本文化についてお話ししたい。

浄土系の教えとは何か

吉本　ぼくの親鸞への関心は、宗派の人たちとはずいぶん違っていて、浄土宗や浄土真宗を含めた日本の浄土教とは何かということが大きな部分を占めています。

中沢　浄土系の教えの一つである浄土宗は、仏教の教えの中でもある意味で、一番原始的な宗教の部分を残しています。吉本さんは親鸞論（『親鸞復興』）の中で、浄土教とは何かといえば、幻覚の中で西方極楽浄土のイメージを見て、それに対する信仰を中核にしている宗教であると語っていらっしゃいますが、この規定でぴったりだと思います。

浄土教の修行法は、もともと中国で生まれたものです。中国のやり方というのは頭の上に阿弥陀如来の浄土を観想して、それに向かって「南無阿弥陀仏、南無阿弥陀仏」と何度も何度も真言と同じ本質をもつ、称名念仏を唱えて、そのイメージと合体するという修行でした。これは仏教の中に採り入れられた瞑想法です。仏教では頭の上や目の前にイメージを置いて、それに向かって何回も神仏の名前を唱えるやり方で、ヨガの一種です。インドでは、呼吸法のヨガが新石器時代にはすでに組織化されています。インド人は呼吸法とイメージ観想法を合体させました。それがインド仏教の観想法の原型になっていきました。

仏教は一方で哲学を発達させたり、あるいは教団生活の倫理面を整えるために戒律を発達させたりしている。その一方で、密教的な修行をおおいに発達させました。浄土教はこの観想法を採り入れました。呼吸と身体のリズムを整えていくのに合わせて、念仏を唱えました。同じ調子でそれを繰り返していきます。中国で浄土教が形成されたときにはその密教的なやり方を採り入れて、観想法を完成させていきました。

ということは、浄土教自体はものすごく古い体質をもった、文字どおり人類の宗教の原初みたいなところにつながっていると言えます。だからこそ、浄土教というのはおもしろいのだと思います。教義など本当はあまり重要ではない。教義などのないときにその原型はつくられている。実はそのころには仏教すら存在していません。

それがそうやって浄土教として中国で発達して、日本へもたらされた。法然を経て親鸞にいたる流れで問題となったのが、この浄土系の教えであったということを、吉本さんは指摘されている。

吉本さんの浄土教の規定は、人類学的にいってもぴったりだと思います。それは幻覚的イメージを根底に置いて、それと死後の体験を一体化させる思想です。それらを合わせたところで修行法を確立してきたのが浄土宗です。そうすると、この浄土の教えが人間を救済するとはどういうことなのか、仏教の体系の中で浄土宗の考え方はどういう意味をもつのかということが、ものすごくシャープに出てくることになります。そこのところを親鸞が問題として捉えたということが、あの人の思想の大きさと深さを示しているとぼくは思います。

吉本　それはとてもよくわかりますね。人類学的にみれば、原始的なものが含まれているわけですね。いま中沢さんが言われたように、浄土教の歴史には、あらゆるものがそろっている。浄土があるかないか、浄土はどんな場所か、浄土などないんじゃないか、死んだら浄土へ往くというのは嘘である等々。とにかくそういうあらゆる雑音や反論なども、全部そろっている。それにはやはり何かしら魅力があります。

浄土教の解体者・親鸞

吉本　親鸞は、自分の考えを『教行信証』の中で「浄土の真宗」であると規定しています。その親鸞に一番影響を与えたのは、いうまでもなく法然です。親鸞は流罪が赦免になったとき、法然のいる京都には帰らず、関東で布教を始めた。だから、そのとき法然と袂を分かったといわれています。いままでぼくは、本家争いが嫌だったから、親鸞は京都へ帰らなかったんじゃないかということでお茶を濁していた。

しかしそれ以前に、親鸞は比叡山を下山したときにはすでにとにかく普通の人のように生活すると決めていて、京都の六角堂に籠もったんじゃないかと思うんです。だから、親鸞は越後配流中に妻帯しただけでなく、魚や獣も食べ、とにかく普通の人と同じように生活している。そして、僧侶としての資格とされるような戒律は全部破っている。だから、本当はもう配流の時点で僧としての法然とは訣別していたと考えられます。

では、親鸞は何をしようとしたかといえば、日本の浄土教を初めからつくろうとしたんじゃないかと思います。それで日本の浄土教とは何かを考え、浄土教の歴史の中で、最初に浄土信仰を解体するという方向に自分の考えを進めていったんじゃないかと思うんです。

親鸞は関東に行って布教をした。とにかく善の行いもいらないし、お寺もいらない。仏像を飾ったりすることもやめ、ただ第十八願念仏だけ唱えればいい。それも百万遍唱えるということも言わない。何遍で命が終わりになるかということは誰にもわからないから、何遍唱えるべきであるとか、「臨終の念仏」が重要であるとか言うのはおかしいというのが、親鸞の考えです。親鸞はそこで僧侶としての生活をやめた。しかし、やめたといっても、二〇年間ぐらいは仏教の修行をした人なので、時代的には大知識人です。ですから、田舎の人たちに対して何かを説いたりもするんです。しかし、宗教者としてではなく普通の人のように振る舞っても、その教えが通じるかといえば、通じない。しかし、そのことも十分承知のうえで、親鸞はできるだけ自分も普通の人と同じ生活をした。つまり、仏教の教えは全部自分の中で壊したし、お経も戒律もいらないし、何もいらない。ただ人が集まって世間話ができる場所があればいいと言う。そして、浄土教そのものの解体へと向かっている。親鸞は本当に解体が好きな人なんです。（笑）

中沢　壊し屋ですね。（笑）

吉本　だから、初めから解体するつもりで活動したんじゃないかと思うんです。

時期としては二〇〇年ほどあとになりますが、蓮如が現れた。そして結局、親鸞の教えを本格的に浄土真宗という宗教にしちゃったんです。蓮如がいなければ、宗教の形にはなっていないでしょう。なぜ蓮如だったかといえば、その理由は簡単です。要するに当時の浄土真宗のお坊さんの中で、蓮如が圧倒的に優秀だったからです。

中沢　すごいカリスマですからね。

吉本　京都の本願寺は、一時さびれますが、蓮如の力によって再び盛り返します。蓮如が各地で説いてまわれば、みんなそれに従ったんです。要するに、蓮如は独自の考えで親鸞の考えを宗教の形にした。

浄土自体、実体は何もないと言いきる。では、どうすればいいのかと問われれば、とにかく念仏だけでいい、何もしないほうがいいんだと言う。僧侶の真似事はしないほうがいいとも言う。そうすると、いったいこれは何だということになる。これが親鸞の教えであり、自分が実践したことでもあり、教えたことでもあると、蓮如は言う。ただ、こうした親鸞の教え＝「浄土の真宗」の妥当性を日本の浄土教の中で承認する限りは、法事をやり、葬式の世話もするいまの寺院や、宗派が存在すること自体に意味がないということになるんじゃないのかと思います。それは宗教としては意味がないということになるわけです。こんなことを言うから、歓迎されないわけです。(笑)

中沢　親鸞にとって重要だった人物には、法然のほかに聖徳太子がいます。ぼくはこのごろ聖徳太子のことが気になって勉強しています。

日本には神仏習合といわれている宗教の形があります。ぼくはこの神仏習合というやつは、親鸞以前に仏教を解体しようとした運動形態だと思っています。普通の日本人がやってきた信心の形態、つまり石を拝んだり、木を見て崇高を感じたりするという信心の形態が、神道の原型になっています。そこへ仏教を引き下ろして結びつけることが神仏習合であると考えれば、これは、日本人がありうべき日本人の仏教をつくろうとした運動だったんじゃないか。組織化はされていなかったけれども。

「アフリカ的段階」の射程

中沢　チベット仏教を現地で修行して帰ってきたときに、『最後の親鸞』を初めて読んで、衝撃を受けました。吉本さんはその仕事と並行して南島論を探究され、さらに『アフリカ的段階について』（一九九八年）へと進まれた。ぼくにはしだいに吉本さんがやろうとしていることの全貌が少しずつ見え始めてきました。

吉本　『アフリカ的段階について』は、ヘーゲルが『歴史哲学』の中で、世界史の枠外においたアフリカ的な世界について考えたものです。ヘーゲル流の素直な合理主義的な世界史の考察に対して、マルクスは『資本主義的生産に先行する諸形態』の中で、原始社会と古典古代社会の間に「アジア的社会」という段階を設定してみせた。日本もその「アジア的段階」の中には含まれます。しかし、多様性を考えてみると、もう一段引き延ばしたほうがいいんじゃないかと思ったんです。

つまり、マルクスが「アジア的段階」を設定したのと同じ意味合いで、現在であれば、ヘーゲル、マルクスの延長上に「アフリカ的段階」を設定する必要があると考えたわけです。これは理論上、プレ・アジア的な段階として考えたものですから、実際のアフリカについては何も知らないんです。（笑）

中沢　「アフリカ的段階」という概念は、現在の考古学の知識によると、もっと深化できるように思います。

いまの人類は一〇万年ぐらい前に、アフリカのタンガニーカ湖の近くで進化を遂げて、それまでの人類と違う人類になっていた。つまり、われわれの先祖ができた。そのときにはすでに「アフリカ的段階」の原型的な思考法とでもいうべきものができている。同時に、宗教も芸術ももうできているわけです。その人類が世界中に広がっていき、アジアにもヨーロッパにも渡っていった。そして、人類が地球上で広がっていった。

しかし、それから九万年間ぐらいはほとんど変化がなかった。いわゆる旧石器な「アフリカ的段階」が長く続く。では、その時代に人間は何も考えていなかったかといえば、そんなことはない。人間の思考能力はいまとまったく同じです。それから、言語も構造的には同じものを使っていますし、芸術も宗教も基本的には同じです。

宗教が同じだというのは、浄土教のことを考えると、本当に同じだなあと感じます。

ところが、一万二、三〇〇〇年ぐらい前に変化が起こる。都市が造られて、国家が誕生してくる時代が始まる。最初は中近東にそうしたものができて、だんだんその影響力が広まっていき、人類の文化が大きくつくり替えられていきます。そのときに、今日ぼくらが知っているイデオロギーとしての宗教が形づくられていく。それ以前の、九万年間の人間の体験、思考の膨大な蓄積量を何というかといえば、これを「アフリカ的」と名づけていいだろうと思うわけです。

親鸞は宗教というものを解体しようとした。その宗教というのは、一万二〇〇〇年ぐらい前、新石器の時代にはいって、都市や国家と同時期に生まれた宗教のことです。「アフリカ的段階」の宗教とは違う、いまの宗教に通ずる宗教です。この一万年ほどの間につくられた宗教の中に、人類はずっととどまっているわけです。吉本さんはそこに焦点を合わせていらっしゃる。吉本さんご自身はマルクス主義との格闘を通して、現代的な宗教の形態の解体に取り組んで、いま、より根源的な宗教性、人間の宗教性の解体ということに取り組んでいる。その解体の向こうに何が出てくるかを、吉本さんは「アフリカ的段階」という言葉で言おうとしているんだろうとぼくは考えたのです。

親鸞が目指したものは、おそろしく広大です。その親鸞を語る吉本さんは、現代人としての体験を背景としながら、自分の思想の射程を決めていらっしゃる、それもまたおそろしいほど大きい。こんなことを言うと、吉本さんは「よせやぃ」とおっしゃると思うんですが、言わせてください。（笑）

吉本　射程だけは大きいんです（笑）。ロシア・マルクス主義、ロシアと言わなくても、マルクス主義の形態はロシアが生み出したものです。そして、ロシアは、マルクス主義のような科学も宗教にしてしまったわけです。だから、衰退したんだと思っています。このマルクス主義も含めて、東洋的浄土教の一種のように考えてみれば考えられなくもない。

何はともあれ、だいたいにおいて日本では、仏教もマルクス主義も解体するとは簡単に言えない状態ですが、最終的に解体すると思っています。ぼくはこれを復興して、民衆を指導しようとか、そんな馬鹿なことは考えてもいないし、想像もしていない。実際にそういうことはありえない。やはり仏教でもマルクス主義でも、その解体の過程で、何をどう考えていくかが重要です。いい考えが出せなければ、おしまいだと思っています。

それは自分自身のことについても当てはまります。解体、解体と言っているが、自分自身を解体させたときに何が残るかということをよくよく考えていなかったら、少なくとも自分はおしまいだと思っています。しかし、ここまで中沢さんが「おまえの考えはこうだ」と指摘されたことに、ぼくは手放しで「そうだ、そうだ」とは言わない（笑）。ただ、だいたいぼくの見当どおりじゃないかと思っています。中沢さんが言われたことに、ぼくの現在の問題関心があるのではないかと思うわけです。

親鸞教の精髄

吉本　ぼくは他の仏教のことも、外国の宗教も知らないんですが、浄土教のことはかなりよく研究したんです。親鸞という思想家は重要だと思いますし、ぼくは大きな影響を受けています。仏教では禿人《とくにん》といいますが、親鸞は禿人としても日本では珍しい人だと思います。

親鸞は先々のことが見えていた人で、妻帯にしても、魚や獣を食べることにしても、現代のお坊さんはみなしていることです。こうなることが初めから予見できていたと思います。親鸞は自ら「名利の太山に」踏み迷いという言葉を使っていますが、田舎の人たちに対して、やはり名利ずくで教えを説いたんだと思います。それで相手が本当に信じてくれたかというと、それはまったく当てにならない。そのことは親鸞自身が一番よく知っている。自分でよくわかっていて、あらゆることを、普通の人と同じくやってみる。それでもまだ通じないということは実感でも知っているし、体験でもわかっていた。

では、親鸞が直面した問題とは何か。それは、自分がいくら大衆や庶民の真似をしてみても、どうしても同じようにはなれないということです。還俗すれば別ですが、還俗せずに「非僧非俗」といいながら、民衆の中に入っていき、接近して同じことをやり、特別なことは何もしていない。それでも自分の教えが通じない。

それを妨げるものは何かといえば、知識であるとも、見識であるとも言えない、何とも言えないもの。つまり、やはりこの人は自分たち庶民とは違うという意識です。それだけは残ってしまう。これは身分制の名残かもしれないが。親鸞にしてみれば、どうしても同一化できないが、同一化する以外にないという。同一化しようと思ってもできないということ、空隙が埋まらないということが、一番重要な自覚で、やはり浄土真宗という親鸞教の精髄だと思います。ここが問題ではないんでしょうか。

中沢　一遍の踊り念仏でみんなで踊ったりすると、音楽の力と踊りの力がありますから、みんな一つになって、ハイな気持ちになるんですね。昔の一遍教団の絵などを見ていますと、若いお坊さんたちがお尻を出して、褌を見せながら踊っています。あれを見ていたら、娘たちだけではなくて、おばちゃんたちも、これは相当いい宗教だ(笑)、と感じたんだろうと実感します。一緒に踊っていると気持ちが一つになるし、これが救済の境地になっていく。それを言語化すれば、そのとおりだという考え方にすっと入っていくことができる。

吉本　そうなんです。

中沢　目の前に観想した浄土に自分が引き込まれていったり、それが自分のところにやってくるという幻覚を見て、それを阿弥陀如来が慈悲力によって、救済に赴かれているというように言語化すると、それで空隙を一気に跳び越えることができるんですね。宗教というものはその跳び越えの問題に関わっているのでしょうね。

吉本さんもお書きになっていることですが、アメリカ先住民の人類学的な記録を見ると、いわゆる「アフリカ的段階」の、原始宗教と呼ばれていたものが描かれています。しかし、それは先ほどからの話では、宗教ではないんです。

アメリカ先住民は、自分の思考を停止させて、向こう側へ飛び込んでいこうとは、めったにしません。そういう宗教が生まれたのは十九世紀くらいからです。白人が入ってきて、彼らの文明が完全に追いつめられた。それに対抗して、自分たちの文化的伝統を守るために、精神的団結をしなければならないというときに、初めてサンダンスとかゴーストダンスという、新しい宗教が起こりました。それ以前の先住民文化では、部族は独立していますし、これを一つの国家のようなものに統一する動きは起こらなかった。ですから、近代のアメリカ先住民の間に起こった新宗教運動は、それまでの先住民文化とは異質なものです。お互いの違いを超えて、幻覚の中で一つの信仰に一体化するということが始まったわけですから。マルクスはこのようなことを主題化しませんでしたが、しかし国家の生成に関して彼が問題にしているのは、個々の違いを跳び越えて一体化するという主題だったのではないかと考えることがあります。

親鸞が田舎の普通の人と話しているとき、最後どこまで行っても越えられない空隙を尊重していくことも、そこに関わってきます。それは吉本さんの国家論の根幹にもつながっていきますが、国家がなぜ生まれ、そしてわれわれを呪縛し、そこから逃れられずにいるのかという問題ともつながっています。そんなわけで、ぼくは吉本さんの「アフリカ的段階」という考えが、やけに好きなのです。(笑)

思想文化の底にあるもの

中沢 吉本さんは『書物の解体学』(一九七五年)で、ジョルジュ・バタイユやモーリス・ブランショ、C・G・ユングなどヨーロッパの思想家たちの思想を解体する作業を何年間かかけて、なさいました。バタイユのような、カトリックの内部にいて、悪戦苦闘しながらカトリックの解体を進めた人間に深い共感を寄せていらっしゃる。

吉本さん自身は、『書物の解体学』の中でヨーロッパの思想家たちが血みどろの戦いを戦った様子を見事に描かれてはいますが、「これではまだ足りない」とおっしゃっているような気がします。これはヨーロッパの歴史的な特性によるもので、なかなか突破できないものがある。ヨーロッパの思想家たち、ハイデッガーにしても、カントにしても、形而上学という伝統の解体に取り組んでいます。しかし、どうもその限界の先にあるものが見えない。それは非常に印象深い指摘でした。突破できない壁があるのです。ところが、親鸞について語り始めるや、吉本さんは「壁は突破できるかもしれない」と言いたげでした。吉本さんが親鸞論で思想＝宗教の解体を進めることができたのには、もちろん親鸞の存在ということもありますが、日本文化の性格ということにも関わりがあるように思います。日本語の伝統の中で生まれた思想は、ヨーロッパよりも少し底の部分がいい加減というか（笑）、軟弱につくってあるんじゃないでしょうか。

「アフリカ的」なものと自由に往来可能になっている日本の思想文化に対して、ヨーロッパの思想文化は底の部分がものすごく硬くつくられています。コンクリートを打ってあるようなものです。だから、ハイデッガーやバタイユがいくら頑張っても、このコンクリートの地面をなかなか突き崩せないでいる。ハイデッガーでさえ、せいぜいギリシャまでです。ギリシャなどは、日本人から見れば、ほとんどもう近代思想です。ところが、日本の思想文化の底には、ヨーロッパのように立派なギリシャの哲学もなく、あるものといえば源氏物語や平家物語という文学、芸術で、立派な哲学なんかない。もちろん、仏教の学問体系はありますが、独創性はあまりない。親鸞がそうした思想の軟らかい地層に降り立って、そこを掘ってみたら、すぐに水が出てきた、そんな印象を『最後の親鸞』からもちました。

吉本　そういう評価をしてくれるとありがたいんですが、困るんです。ぼくは中沢さんみたいに、親鸞のことでも、仏教のことでも、笑いのうちにちゃんと語ることができない。それで真面目になっちゃう。(笑)

中沢　それじゃ、まるでぼくが不真面目みたいじゃないですか。(笑)

吉本　そういう意味ではなくて、真面目になっちゃうと、ついもう肩が凝っちゃうんですね。そこの自在さを心がけてはいるんですが、なかなか中沢さんみたいにうまくいかない。

日本文化と「もののあはれ」

中沢　ぼくは日本文化の脆弱層のもつ強さというものを感じます。

小林秀雄は自分の最後の仕事として本居宣長に取り組んだ。これは大変な仕事だと思います。宣長は「もののあはれ」という情緒をベースにして、文明が築けるということを立証しようとした人です。中国人は論理や道徳で、文明を立てようとする。ヨーロッパ人は論理と信仰で立てようとする。けれども、宣長は情緒などという最も不安定なもので文明がつくれるということを言おうとした。小林秀雄はそれを立証しようとした。先ほどの「軟らかさ」というのは、これではないかと思うんです。

吉本　宣長の言う「もののあはれ」を小林秀雄は馬鹿にしていない。『本居宣長』の冒頭に、折口信夫の自宅をたずねたときに「本居さんはね、やはり源氏（物語）ですよ」と言われたと書いています。それはそうだと思います。やはり、宣長の源氏論といえば、「もののあはれ」を最上位に置く。だから、確かに宣長のいうとおりであって、折口信夫も同じなんですが、それをより文学的な意味で論理的に「何と言っても『もののあはれ』が第一だよ、文学はこれだよ」と言いたかったんだと思います。そして、小林秀雄も自分自身の仕事の総決算として、当然「もののあはれ」へと向かう。

ただ、ぼくなんかは『本居宣長』を読んで、一点だけ不満があった。それはうまく言えませんが、「もののあはれ」はこれでいいと肯定している点なんです。ぼくは戦争中に「もののあはれ」には嫌気がさしたんです。ところが、小林秀雄は決して「もののあはれ」に嫌気をさした人間がいるとか、批判的には考えず、「もののあはれ」はよいものだとしている。天皇制でも、何でもいいんですが、戦前・戦中の負の部分に関わる問題も含めて、「もののあはれ」にまつわるものはすべていいと肯定しているんです。小林秀雄はおそらく自分の戦争体験や戦争中の思想との関係から、肯定することとしかできなかったんでしょう。

しかし、小林が「もののあはれ」に見なかった負の部分については、もう少し穴を開けてくれないと困るという感じをもちました。ただこの点以外に別に不満はないですね。とくにいま自分が八十三歳という年齢になって、余計にそう考えるんですが、歳をとってからあれだけの量と質の仕事をするのは、並大抵のことじゃない（笑）。読み始めたときにはわからなかったんですが、このごろわかるような気がしてきました。そういう意味でも、大変立派な人だったと思います。よく自分で自分を締めくくったものだという感じです。戦時中の「もののあはれ」の問題は、きっとまだこれからくすぶったり、いろいろ賛成意見や反対意見がいっぱい出てきたりして、相当年月が経ってから出口というか、答えが出てくるような気がします。

中沢　小林の宣長論はランボー論と直結していて、その直結ぶりが重要なんだろうと感じます。「もののあはれ」は天皇制の問題でもあり、特攻隊の問題でもあり、詩の問題とも深く関わっている。もし戦中の体験なり著作なりを全部否定すると、詩はすべて否定されなくてはならないという問題が出てきます。しかし、ああいうランボー論を書いた小林秀雄は否定しなかった。それが最終的に『本居宣長』に結実していく。「もののあはれ」の負の面を書いていくと、そっちが崩れていくと感じたのかもしれないですね。宣長は情緒性を土台にした文明を軟らかい形で構築できるという夢想をもったが、その思想は十分掘り下げられていません。

小林秀雄が好んで対談をした相手に数学者の岡潔がいます。岡さんの抱いた着想の中には関数論の不定域イデアルという考えがあります。それは岡さん流に言うと、一種の情緒の概念化であるということになります。軟らかい形で、二つのものをくっつけていくやり方です。詩は違うものを激烈にくっつけたり、軟らかくくっつけたりする思考の技術です。「喩」というのはそういうものだと思います。その働きが人類の心には根源的にあって、それは人間の無意識とか、感情とか、情緒を動かしているメカニズムと直結している。だから、詩の形で言語表現が出てくると、そこには情緒が直結している。それを数学でやってみると、こういう形になると岡さんはやってみせた。日本人はまだ岡さんの業績のすごさにあまり気がついていません。ところが、小林秀雄はわかっていた。それを知ったときに驚きました。

この『本居宣長』は『最後の親鸞』と並んで、日本人が二十一世紀に取り組んで、出発点にすべき書物です。小林は『本居宣長』の中で、いろんなことを隠しています。言えないことや言っちゃいけないことを、小林さんにしても隠している。それがいろんな場所で歯がゆさを生んでいる。そういうものを一度、それこそ解体学で取っ払ってみる必要がある。そうすると本当に未来的な本に変貌してくるでしょう。『本居宣長』で問題にされている日本文明の情緒的な土台、軟らかい土台というもの。それから、吉本さんの「アフリカ的段階」という考え。この二つの関連を探ることです。「アジア的」という概念では思想の全体性はつかまえられません。アジア性というのは結局「中国」ですから、それは宣長が批判していたものです。道徳と論理でつくった文明は、人間の本源とは一致しないという考え方です。その問題がやはり「アフリカ的」という問題にも含まれています。またそれは親鸞が解体し、開こうとしていた地平というものとも関係している。二十一世紀の日本人が改めて取り組むべき主題はそこにあると思うのです。

吉本　いや、本当にそうだと思います。

芸術、名づけようのないもの

吉本　ホワイトヘッドやカルナップといった人たちの記号論理学という学問がありますね。戦時中、ぼくは学生だったからよくわかりますが、あれは暗号合戦の成果なんですよ。戦争中の暗号合戦の中で、やはり本気で考えたんだなと思います。

暗号合戦というのはどこにでもあったんです。化学でいえば、染料、色の問題なんです。つまり、たった一つの試薬があれば、隠しインクを使ったかどうかわかるんです。そういうものを見つけるということが暗号合戦です。

中沢　カチッと分子の鍵が合うという。

吉本　そうです。戦争が終わってみたら、外国ではそれを記号論理学のような学問として残している。これはさすがだなと思った。逆にぼくらは戦争中にもう嫌になっていたんですよ。だから、コミュニケーションではない言語論がいかに可能かということに専ら関心が向かった。そうすると、文学・芸術としての文体論しかないんです。結局、本当にやるなら、これしかないという感じをもったんです。コミュニケーションではない言葉とは何かということが、とても大きな関心で、いろいろな関心の元になったわけです。

解剖学者の三木成夫さんだけは、そういう関心をもっていた人だと思います。ぼくらには三木さんの考えはずいぶん役立ったし、得るところがあった。芸術というと、空想的で妄想的な問題や想像力の問題がみんな含まれますけれども、その元が何かといえば、言葉です。その言葉を問題にして、三木さんの考えはそこから出てきていると思います。つまり、広い意味でいえば、一種の芸術論であって、言語の芸術論のようなものとして、三木さんは考えてきたんだと思いますし、ぼくなんかはとても共感した。

ぼくは「芸術言語論」と言っていますが、何が芸術かといえば、要するにただ文体論を基本から検討しようと思ってやってきたので、こういう名称になるんです。いま考えていることもあるので、これから芸術言語論をやっていきます。

中沢　自分がやっていることにキャッチフレーズをつけようとしたとき、ぼくも「芸術人類学」と言うしかありませんでした。いま吉本さんがおっしゃったことと同じです。名称を考えるときに、レヴィ＝ストロースの「構造人類学」は意識にあったんですが、それだけではだめだと思って。

構造主義は、じつはロシア人の学者による詩の分析から始まっています。レヴィ＝ストロースにしても対象にしたのは神話です。詩や神話はコミュニケーションではない。むしろ、コミュニケーションに逆行する方向へ向かっている心の動きを主題にしています。ラカンはこういうことをかなり意識していた人で、自分のやっている構造主義はコミュニケーションじゃないということをよく知っていた。だから、あえてわけのわからないことを言おうとした。いずれにしても、構造主義が問題にしていたのは、芸術です。

ところが、モデルをつくってみたらコミュニケーションになってしまった。それで言語コミュニケーションをモデルにしてつくった理論、これが一種の世界解読の理論のように幻想されてしまった。しかし、構造主義の中から出てきたものには非常にすぐれたものがたくさんあります。レヴィ＝ストロースも、フーコーも、ある意味ではデリダもそうだと思います。非常にすぐれたものがそこからは出ています。そのすぐれたものは全部芸術を主題にしている。

そうだとすると、構造主義というのはひょっとしたら、ソシュールじゃないんじゃないか。あるいは、よく知られているほうのソシュールの顔ではないんじゃないか。要するにコミュニケーションの言語学じゃないんじゃないか、と。そうすると、考えようによっては、それこそ「もののあはれ」ではないけれど、情動や情緒をベースにして、それを一つの大きい構築物につくれるんじゃないか。それで、「芸術人類学」という言い方をしています。

吉本　「芸術」という言葉以外には、ちょっと当てはまるものがないんです。

中沢　アートではちょっと違うんです。

吉本　そうですね。それはとてもよくわかります。

中沢　ここから見ると、日本人の宗教という言い方も、じつは曖昧な言い方だということが見えてきます。

親鸞のような形で宗教を解体してしまうと、宗教性が消えるかというと、そんなことはない。近代合理主義の立場からすれば、宗教を解体して合理的な世界観にしていけばいいじゃないかということになるけれど、そうはいかないんです。解体するとそこに自然法爾《じねんほうに》として自然に出てくる心の構造があって、これこそ宣長や折口が問題にしたものです。それは実体があって生きており、法則性や構造もあって生きている。

それを「宗教」という言葉を使わずに、何と名づけるかが、これからの課題です。ヨーロッパ人は、日本人は宗教を知らないと言い続けると思いますが、それは違います。

吉本　それは違うと思いますね。

中沢　ヨーロッパの宗教は、巨大な「もののあはれ」をベースにした、何とも名づけようのない人類的なるものの一部分でしかない。ヘーゲルのような体系のつくり方は、ヨーロッパを土台にしてつくる体系ですが、そうではない別の体系があるんじゃないかというのが、吉本さんのメッセージのような気がします。

（二〇〇七年十一月九日）

中沢新一（なかざわ・しんいち）　一九五〇年生まれ　人類学者

巻末エッセイ

吉本隆明の思い出

梅原　猛

　吉本隆明が亡くなった。彼は一九二四（大正十三）年十一月二十五日の生まれであり、大正十四年三月二十日の生まれである私より約四ヵ月年長である。そして三島由紀夫もまた大正十四年の一月十四日の生まれであるので、吉本、三島と私がほぼひと月おきに生まれたことになる。この世代は最後の戦中派というべき世代であり、若き日に大量の人間が無惨に死ぬのをその目でみた。

　その思想はそれぞれ異なるが、吉本と三島と私にはこのような世代の人間に共通する精神的特徴があろう。それはひと言でいえば、孤独に徹し、体を張って自らの思想を主張する精神といってよかろう。互いに遠く離れた地に暮らす吉本と私は、著書を贈り合うものの、会うことは少なかった。しかし私は四十年来、吉本を日本で稀有な思想家として尊敬してきた。

吉本の代表的な思想といえば「共同幻想論」であろう。吉本は国家を共同幻想の産物と論じているが、私は、国家を共同幻想の産物とすることにはいささかならず抵抗を覚える。しかし「共同幻想論」は時代の精神をとらえるのに有効な思想であろう。思えば、戦前、日本人は「日本は神の国である」という共同幻想に憑かれてあの無謀な戦争を始め、戦後、日本のインテリは「マルクスの構想した共産主義社会はユートピアである」という共同幻想に支配された。その後、強烈な共同幻想は現れていないようであるが、「日本の原発は安全である」という神話が一種の共同幻想であったのかもしれない。

考えてみれば、吉本は時代の通念となった共同幻想に冷や水をかけるような発言をしてきた。左あるいは右のイデオロギーにとらわれることなく、彼は自己の思想的信念にもとづいて批判すべきことを批判してきたのである。彼の親鸞論にしても、漱石論にしても、そこには彼にしか語れないような鋭い指摘がある。

私が彼ともっとも深く交わったのは『日本人は思想したか』（一九九五年、新潮社）と題する本にまとめられた、吉本と中沢新一と私による鼎談においてである。そこで吉本と私の見解は一致することもあったものの、対立することも多かった。それを中沢氏がうまくかみ合わせて、大変よい本になったと思う。

この鼎談が終わったとき、私は吉本と中沢を祇園に誘った。お茶屋で私が芸者に、吉本の職業は何だと思うかと尋ねると、芸者は「剣豪小説の作家でしょう」と答えた。吉本の風貌がどこか剣豪を想起させたのであろう。私が、彼はよしもとばななのお父さんだと告げると、芸者は「左うちわでよろしゅうございますね」と吉本にいった。

すると吉本は実に嬉しそうな顔で、次女のよしもとばななの小説ばかりか、長女のハルノ宵子の漫画も読んでくれと芸者に頼んだ。そのときの嬉しそうに笑った吉本の顔が忘れられないのである。

（二〇一二年三月二十六日）

（うめはら・たけし　哲学者）

初出一覧

親鸞における言葉　吉本隆明編『思想読本　親鸞』一九八二年四月、法藏館
親鸞の言葉　同前　原題「現代語訳親鸞著作（抄）」
『歎異抄』の現在性　『現代思想』一九七九年六月号
親鸞の〈信〉と〈不信〉　『現代思想』一九八五年六月号
『最後の親鸞』からはじまりの宗教へ　『中央公論』二〇〇八年一月号
吉本隆明の思い出　「東京新聞」二〇一二年三月二十六日付夕刊

編集付記

一、本書は著者による「現代語訳親鸞著作（抄）」（『思想読本　親鸞』法藏館）に「親鸞における言葉」（同前）、対談三編を併せて文庫化したものである。中公文庫オリジナル。

一、文庫化にあたり、底本中、明らかな誤植と思われる箇所は訂正し、難読と思われる語にはルビを付した。「歎異抄」については他の訳書を参照し適宜改行を加えた。本文中の表記の統一は、固有名詞など最小限にとどめた。

一、本文中、今日の人権意識に照らして不適切な語句や表現が見受けられるが、著者が故人であること、刊行当時の時代背景と作品の文化的価値を考慮して、底本のままとした。

中公文庫

親鸞《しんらん》の言葉《ことば》

2019年1月25日　初版発行

著　者　吉《よし》本《もと》隆《たか》明《あき》

発行者　松田陽三

発行所　中央公論新社
〒100-8152　東京都千代田区大手町1-7-1
電話　販売 03-5299-1730　編集 03-5299-1890
URL http://www.chuko.co.jp/

ＤＴＰ　嵐下英治
印　刷　三晃印刷
製　本　小泉製本

Published by CHUOKORON-SHINSHA, INC.
Printed in Japan　ISBN978-4-12-206683-0 C1115